哲学与生活丛书

THE PHILOSOPHY BOOK

101 KEY QUESTIONS OF LIFE

101 个重要的
哲 学
问 题

［德］托马斯·瓦斯克〔Thomas Vašek〕　著

包向飞　姚　璇　译

重庆大学出版社

目　录

第 **3** 章 伦理与道德

第 *4* 章 社会与政治

第 *1* 章

精神与认知

真实到底是怎样的？

<><><><><><><><><><><><><><><><><><><><><><><><><><><><><><><>

请想象一下：你坐在一个咖啡馆中环顾四周。桌椅、宾客、侍者……
所有事物在你看来都是完全真实的。但是你从何而知这不是在做梦
呢？什么能让你确信，在你自己的意识之外存在着一些东西呢？何
人或者何物，是这个在咖啡馆中观察着这番景象的"我"？几千年
以来，哲学家思考人类的精神和认知的边界。他们的理论让我们用
另一种目光看待真实。

自我

什么是"自我"？

自我到底是真实存在的，还是我们想象出来的？ 许多现代哲学家把"自我"当作一种幻觉。

我们在德语中总是这样用 Ich（我）这个词：Ich glaube（我认为），Ich hoffe（我希望），Ich tue dies oder das（我做这件事或那件事）。ich 这个词一方面作为一个主语指我们自己，另一方面作为一个名词，指存在着的一种实体。尽管古代哲学家很早就开始思考"我是谁"的问题，但对自我的认知是到近代才发展起来的。这归功于法国哲学家勒内·笛卡尔（1596—1650）。笛卡尔说"我思故我在"，这可能是哲学史上最著名的论断。笛卡尔的思考源于这样一个问题：获得可靠知识的基础是什么。假设存在一个狡猾的骗子在故意欺骗我们，它甚至存在于我们的思想之中。但有一点是任何骗子都骗不了我们的，它不能骗我们说我们不存在。因为只要我正在思考，我就存在，并且是某种东西。某种正在思考的东西，必然也是存在的。正如笛卡尔指出，我们可以设想任何事物都不存在，除了我们的思考本身。因而，自我是一种纯粹的精神性的实体，是一个"思考着的东西"。这种东西甚至能脱离身体而存在。笛卡尔相信纯粹理性认识的可能性，与之相反，苏格兰哲学家大卫·休谟（1711—1776）认为一切认识都依赖于经验。

艺术家们很早以前就为自己画像，并研究他们外在的和内在的自我形象。

——居斯塔夫·库尔贝《绝望的人（自画像）》，约 1843 年

图中的女孩举手发言时，同时喊出："我！"我们的自我不是一个被动的观看者，而是这个世界的参与者。当我们举手时，我们知道是我们自己而不是其他人想要发言。

我们不能观察到自我，只能感受到一连串的感觉和思维过程，并且休谟不事先假定这些感觉和思维有一个载体。

我们所理解的自我，只不过是由不同的感知绑定在一起的东西，这些感知通过某种确定的关系连接成一个整体。存在一个持存的自我、一个精神性实体的想法是一种虚构。伊曼努尔·康德（1724—1804）在他的认识论中延续了休谟的思想。在康德看来，自我只不过是在意识中用来统一诸多思想的。每种思想都关联到一些事物，都有一个意向对象。然后就必须有一个主体，一个能够思想这些思想的思想者。"我思必须能够伴随我的一切表象。"这一"先验自我"在康德看来，不是笛卡尔所谓的精神实体。康德认为，笛卡尔的从"我思"到"思想着的东西"的推论不可靠。弗里德里希·尼采（1844—1900）与康德持相同的见解。尼采认为，笛卡尔的错误就好比是从"行动"推断出必定有一个"行动者"。尼采把对自我的设想归因于纯粹的语法习惯。在尼采看来，主体或自我仅仅是一种虚构，是某种事后添加的、强塞在里面的东西。当我们对着镜子看自己的时候，我们只是看到了一个身体，而不是看到了自我。

根据路德维希·维特根斯坦（1889—1951）的观点，在使用"自我"这个词的时候，我们正在受到欺骗：我们用这个词描述某种无形的东西，而这种无形的东西又在我们的身体中占有一席之地。维特根斯坦的女弟子——英国女哲学家盖尔特鲁德·伊丽莎白·玛格丽特·安斯康姆（1919—2001）甚至认为，"我"这个代词不指称任何实体。当我们说到自我意识的时候，我们指的不是关于自我的意识，而仅仅是我们关于自己身体的认识。美国哲学家丹尼尔·丹尼特（1942—）也是朝着这个方向思考的。在他看来，虽然我们有这样的印象：好像在我们的意识里发生着什么，我们就如同坐在"笛卡尔剧院"中的观众看着这些发生的事情。我们以为，这个观众就是自我。但这个被我们当作自我的东西仅仅是一种有用的虚构，它帮助我们将自己与他人区分开来。在丹尼特看来，自我不过是所有故事（或者把这些"故事"称为"叙事"）的叙述重心。我们作为人向他人（也向我们自己）讲述着这些关于自我的故事。如同蜘蛛结网一般，我们为了划分出自己的领地而编织着我们的故事。自我虽然不是真实存在的实体，但仍然是一个有意义的概念，它在解释我们的行为方面有其存在的必要性。今天的大脑研究者的出发点是：自我最终建立在我们的大脑功能基础之上。德国哲学家托马斯·梅钦格尔（1958）延续了这种看法，并认为自我是进化出来的我们大脑的自我模型，这种模型使得我们能够将自己看成一个整体。梅钦格尔的理论建立在神经科学实验基础之上，比如为受试者装上橡胶假手，一段时间后受试者会将橡胶假手体验为自身的一部分。当今大多数哲学家的共识是：与人们过去长期所认为的不同，自我并不是一个非物质的、精神性实体。但即使自我仅仅是一种虚构，我们也不能放弃它。

希腊神话中的少年纳喀索斯迷恋自己水中的倒影，人们以他的名字命名了自恋这种性格，即过分关注自身而忽视他人。

——约翰·威廉姆·沃特豪斯《厄科和纳喀索斯》

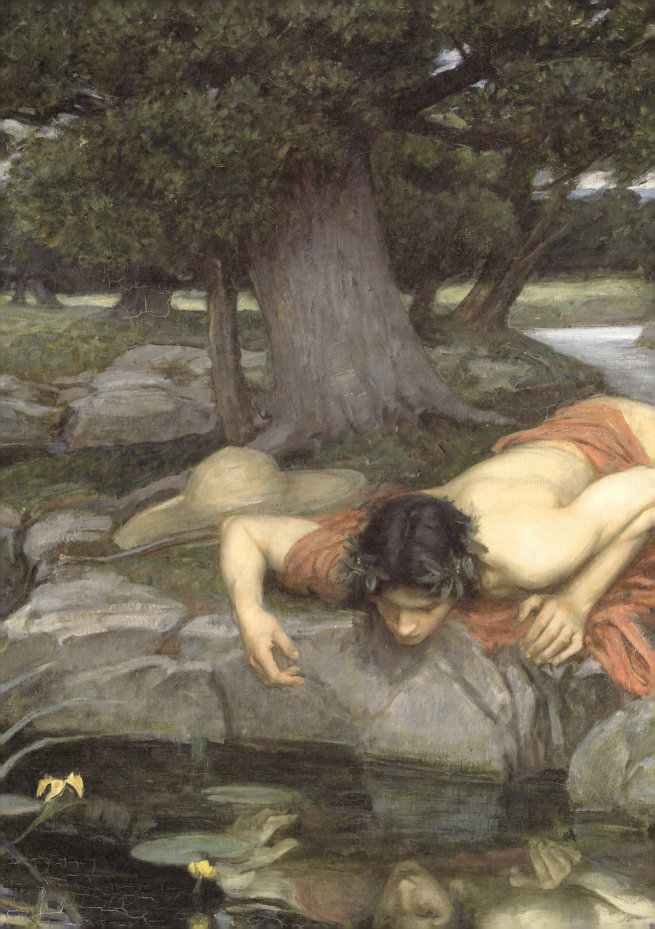

意识

颜色给我们怎样的感受？

到底什么是"意识"？主观经验是怎样产生的？世界到底给我们
什么样的感受？

如果没有意识，主观经验就不存在，比如我们就不知道颜色给人的感觉是什么，我们所体验到的东西就没有质可言。

请你暂停正在做的事并倾听自己的内心：你正在阅读这本书，你摸着手指下的书页并看到黑色的印刷字母。或许你的大脑中闪过一个念头，或许你感到疲劳或紧张，或许你感到温暖或寒冷，感受到各种气味和颜色。所有这一切都仅仅在你的身体内部发生。

从颜色的感知到牙痛的感受，我们以某种方式体验着世界，世界给我们留下某种印象。这种"留下印象"，就是我们通常理解的"意识"。一张桌子没有意识，一台电脑也没有，至少迄今为止是如此。尽管一台电脑可以超高速运算，但世界不能给它留下什么印象，电脑的内在是昏暗无光的。哲学家们把意识理解为一种内在的、定性的、主观的状态。没有意识，就没有通常意义上的感知和情感。但什么是意识呢？意识是怎样产生的呢？大脑这样一个生理结构是如何产生主观经验的呢？

澳大利亚哲学家大卫·查默斯（1966）认为，这其中蕴藏着所谓的"肉体与灵魂问题"的难点。几个世纪以来，思想家反复探讨这个"肉体与灵魂问题"，也就是物质和精神为何能够互动。尽管我们现在对大脑怎样加工信息的认识不断加深，也对精神和心理过程的产生有了越来越多的了解，但我们仍然不清楚：意识是怎样产生的，世界为什么给我们留下这样的印象。意识的问题也就是主观性的问题。与客观的身体特点不同，主观经验是不能被测量的。我们每个人仅仅可以确定地对自己说："我是有意识的。"尽管我

们可以假想那些与我们行为相似的其他人也有意识，但我们不能证明这一点。在哲学的意义上，我们也可以假设这样的"僵尸"，它在物理上的每一方面都和我们一样，但它没有主观经验。美国哲学家约翰·塞尔（1932）认为，意识是一种"本体论上的主观"，它只对于我们自身而言是存在的，对于其他人来说并不存在。

今天人们假定，意识是通过神经生理学过程产生的，尽管人们还不知晓其过程。今天的大脑研究者用各种不同的方法试图解开这个谜团。他们用脑扫描仪寻找"意识在神经元层面的关联物"，即伴随着意识活动而活跃的脑区。

尽管如此，许多哲学家认为意识不应当被简单理解为神经元的活动过程。即使我们知道，什么样的大脑活动能产生意识，我们也不能清楚地解释主观体验是怎样产生的。美国哲学家托马斯·内格尔（1937）对此做了一个思想实验，提出这样一个问题："作为一只蝙蝠是怎样一种体验？"假设我们已经知道了蝙蝠的大脑中发生的一切，比如它如何在黑暗中辨别方向等。然而，我们仍旧不知道，作为一只蝙蝠是怎样一种体验，这归因于一个简单但有力的道理：我们不是蝙蝠。

大多数哲学家和神经科学家认为"意识"是当代最重要的未解之谜之一。但是，有些思想家拒绝将此视为一个问题。塞尔认为，"意识"如同"消化"，基于一种生物学现象，它只不过是一种脑的特性，这就如同"流动"是水的一种特性一样。总有一天，神经科学家会发现意识是怎样运作的，这与已经解开了的"消化器官如何运作"的谜团是一个道理。但即使意识只是脑的一种特性，这还远远不能解释，为什么世界给你留下这样的印象，以及为何你的这种印象与他人的印象不同。

> 《人类理解论》，1690 年
>
> 只有"意识"能把相去甚远的存在统一为一个连贯的整体。
>
> ——约翰·洛克

几个世纪以来，人们尝试定位负责特定精神活动的脑区，如同英国哲学家和医学家罗伯特·弗拉德在其论文《可视的体内的三重精神》中的插图所绘。但至今人们都没有发现意识的脑区位置。

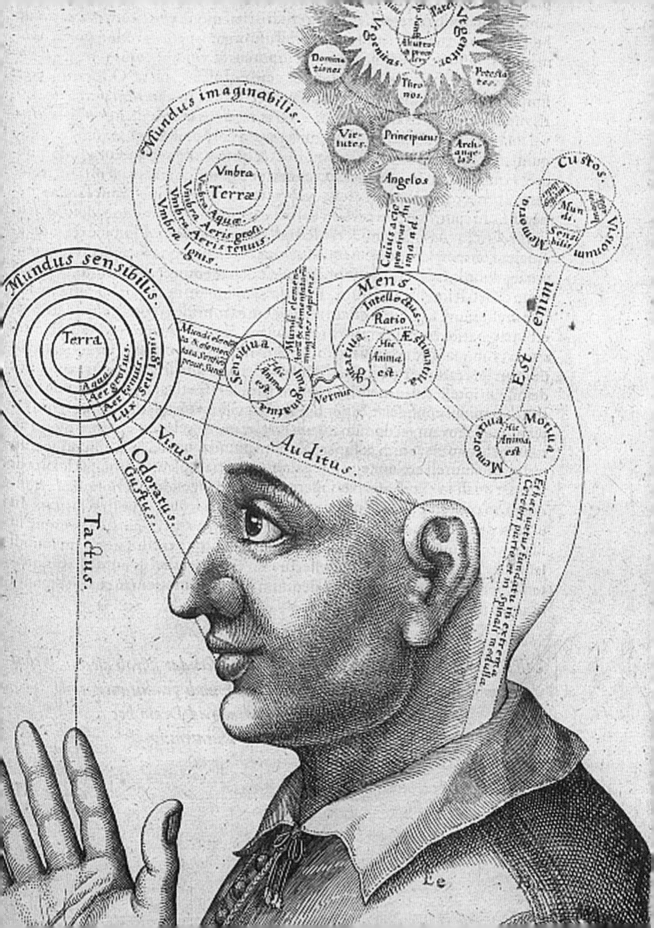

感知

人们可以相信自己的眼睛吗？

除了相信我们所见，我们并没有其他办法。但在哲学家看来，"眼见"不一定"为实"，也许这世界与我们所看到的不同。

    感官是我们通向世界的入口。我们通过看、嗅、尝、听和触摸来感知。如果没有感知，我们全然是孤立的，无法与事物和他人建立联系。感知不仅意味着"发现"，还意味着"把……当真"，并从中引出后果。当我们看到交通信号灯变绿时，我们就通行，因为我们相信自己的感官。至少在通常情况下，我们相信我们的印象是真实的写照。

    对于感官感知和真实之间是怎样联系的，哲学家们很早就有争论。一方面，感知是主观的，容易受到欺骗；另一方面，很多证据表明，我们的感官感知是由客观事物引起的。早在古代，哲学家德谟克利特（前 460/459—前 4 世纪早期）就发现，我们感知到的不完全是真实的。我们只能抓住表面性的东西，而不是其内在结构。德谟克利特说："事物只是看起来有颜色，尝起来有甜或苦的味道，实际上存在的只是空虚空间中的原子。"于是，感官被置于思想之下。只需要考虑一下幻觉，我们就知道，感官最终能在真实性这一点上欺骗我们。柏拉图（公元前 428/427—前 348/347）同意这种观点，并建议人们要尽可能地远离欺骗性的感官印象，借以在纯粹思考里接近真理。17 世纪的理性主义者，比如勒内·笛卡尔，继承了柏拉图的这种思想。他们假设，对于感官感知，思想更具有崇高性。经验主义者如约翰·洛克（1632—1704）、弗朗西斯·培根（1561—1626）、乔治·贝克莱（1685—1753）持与之相反的观点。他们坚信，所有知识都源于感知。贝克莱的一个著名论点

光学的幻象表明，事物不总是它呈现给我们的样子，仅仅通过感官，我们不能认识现实。

称："存在即被感知（拉丁语：esse est percipi）。"也就是说，事物的存在直接取决于它能被感知到。之后，伊曼努尔·康德再次试图调和理性和感知的冲突。他的论点是："没有内容的思想是空洞的，没有概念的直观是盲目的。"也就是说，只有感官和知性合作，才会产生有意义的东西。此外，康德还指出，除了借助感官这副眼镜来了解世界外，我们别无他法。因此，放弃我们的主观看法是完全不可能的。我们能够并且必须相信我们的感官，因为我们没有其他选择。尽管如此，事物有时可能与它第一眼看上去的不同，因此对事物的追问是值得的，结果可能会让我们大吃一惊。

存在

什么是存在?

"存在"是什么意思？真的有"存在"这回事，还是仅仅是一个哲学上的假问题？几千年以来，哲学家们一直在争论，什么叫作某物"存在"。

Der Ball ist rot（球是红色的），Heute ist Samstag（今天是星期天），Ein Mensch ist.（一个人存在）。这三个句子中都用到动词 ist，ist 是动词 sein 的第三人称现在进行时直陈式变形。ist 相当于英语的 is，而 sein 如同英语中的 be，兼有"存在"和"是"的意思。我们在日常生活中常用 ist 这个词，但很少去多想其深层次的含义。sein 这个词，对应希腊语的 einai 或拉丁语中的 esse，属于哲学的基本概念。但至今哲学家仍为其含义以及人们能否真正有意义地使用它而争论不休。无论如何，人们在"存在"既不是一个"存在者"又不是一个"性质"方面达成了共识。

古希腊人对"存在"问题已有见解上的分歧。前苏格拉底时期的哲学家，主要是巴门尼德（约前 520/515—约前 460/455），认为"存在"是一切"存在者"的内在一体性。"非存在者"，在他们看来是不可想象的，因而是不可能的。与之相反，柏拉图认为只有不在时空中的理念才是真实的存在，感性世界中的物体仅仅是这些理念的影像，并非这些理念的存在。对于柏拉图来说，一个红色物体的存在就在于它有了"红"的理念。

直到柏拉图的学生亚里士多德（前 384—前 322）才开始追问单个物体符合其本质的存在。他在《形而上学》中，率先将"存在者作为存在者"视为研究对象，并由此建立了本体论这个哲学分支。就像亚里士多德认识到的，sein（是）这个词有多种不同的用法。当我们说一个东西是"红的"或"大的"

的时候，我们所说的是一种性质或数量关系，这种"质"或"量"在某个确定的时空存在。但我们所说的这些并不能告诉我们这个物体是什么。当我们想声称一个东西是一个球的时候，我们会用"球"这个名词，而不是说它是"红的"或"大的"。单个物体的第一存在是它的实体或它的本质（希腊语称为 ousia）。一个球的实体就是这个球本身，而不是它的颜色或大小。一个球之所以是一个球，并不取决于它是红的或绿的、大的或小的。因此，存在并不给存在者添加任何东西，而是包含在存在者的本质之中，也就是其实体之中。

在德国哲学家马丁·海德格尔（1889—1976）看来，从柏拉图开始，哲学家就走上了一条灾难性的畸形之路。整个形而上学将存在思考为一个存在者，一

个立在我们的思想和行为对面的对象。海德格尔在其1927年出版的革命性著作《存在与时间》中声称，对"存在"的追问被遗忘了。海德格尔致力于颠覆西方形而上学中的"存在"概念，他认为，"存在"本身不是"存在者"，不是实体也不是本质。更确切地说，"存在"与"存在者"之间是有区别的。即使我们了解了某个"存在者"的所有特性，我们对其"存在"仍然一无所知。尽管如此，作为人类，我们有一种先行的对"存在"的理解，它并非基于理论知识，而是基于我们日常的与世界的交往。海德格尔认为，这就好比一把锤子，我们不是借助概念性的定义去理解它，而是用这把"锤子"去砸"钉子"。"存在"在海德格尔看来是一种理解的视域，在该视域中我们与事物相遇。因此，"存在"需要"此在（作为存在者的人）"，而"此在"反过来也需要"存在"。"此在"和其他"存在者"可以由此区分："此在"不仅仅处于与世界的关系之中，还处于与自己的存在的关系之中。尽管我们不能说清什么是"此在"的本质，但我们能通过我们的生存，即把我们"筹划"到我们的可能性的方式来理解我们的存在。只有在面对不复存在的可能性时，即面对此在的有限性的时候，我们才能触及我们"本真的"存在。因而，此在的基本结构是由时间性决定的。以上就是《存在与时间》的基本思想。

对于海德格尔来说，存在本身同样也并非有不可改变的、永恒的本质，也不是实体或理念。存在的本质更多地在于它的历史性，历史性也决定着人类的此在：存在显现给我们的方式并不同于显现给古希腊人或中世纪时期的人的方式。在这种"存在的遗忘"里，海德格尔看到了现代世界没落的原因。曾有一段时间，他希望在纳粹政体中找到一个"新的开端"。作为狂热的纳粹分子和弗莱堡大学的校长，海德格尔在纳粹统治下看到了精神革新的机遇。海德格尔的存在主义哲学不仅因为他与纳粹的牵连而受到质疑，他的反对者还指责他代表了反理性、反人道主义的趋势，因为当一个人将一切置于存在之下时，他就会轻易地丧失对存在者，进而对具体的人的关注。

我们并非完全陌生地面对着这个世界：我们对世界有理解，世界赋予我们意义；同时，我们与我们在这个世界的"此在"处于某种关系当中。

现实

什么是真实的?

现实有多真实? 什么是真实存在的, 什么仅仅是呈现给我们的? 万物可能仅仅是我们的一种想象吗? 至少有一点是肯定的: 我们不能仅仅相信我们的感官。

想象出来的对象和场景在一定程度上也是真实的, 比如在梦中或幻觉中, 但那仅仅是对我们自身而言的。
——希罗尼穆斯·博斯
《人间乐园》, 约 1500 年

设想一下, 你看见一只猫, 你当然认为这只猫是完全真实的, 当然你也可能处于幻觉之中, 猫其实并不在那里。毕竟幻觉和真实的视觉感知是无法区分的, 因此我们永远不能确定, 一个 "表象", 也即一个感官印象能否对应一个真实的对象。我们不能直接通向现实、真实的对象。康德所说的 "物自体" 处于我们的认识之外。但我们从何知道外部世界是存在的呢? 一切都可能仅仅是想象, 仅仅是一个梦, 或者是一段计算机模拟的虚拟现实。

爱尔兰主教、感觉论者乔治·贝克莱真的这样认为, 世界仅仅存在于我们的精神中。如果一只猫看上去在那里, 那么这仅仅意味着, 这只猫被看见了, 但并不意味着它真的在那里。存在即被感知。他认为, 事物存在于感知和设想它们的精神之外是不可能的。没有任何证据表明, 我们在那里看到的猫是真实的。

实际上, 吸毒的人 "真" 能看到并不存在的东西, 但一些当代哲学家认为, 这些对象也存在, 即只是在另外一种本体论的、主观意义上的存在, 也就是说, 仅仅对于有这种表象的人来说存在。如果你幻想出一只猫, 那么这只猫确实存在, 但仅仅是对你而言。

无

什么是不存在？

什么是无？无到底存不存在？我们是被语言欺骗了吗？有些哲学家视 "无" 为一个空洞的概念，另一些哲学家视其为人类此在的基本经验。

当我们提到 "绝对的无" 时，我们会想到外太空。即使是天体之间的空虚空间，也不是真正的无，甚至一个 "黑洞" 也是 "某种东西"。

让我们看四个德语句子，其中的 nichts 相当于英语中的 nothing：
1. Etwas taucht pl tzlich "aus dem Nichts" auf. （某物凭空出现了。） 2. Jemand steht " vor dem Nichts". （某人失去了一切。） 3. Das war nichts. （完了，失败了。） 4. Wir haben nichts mehr im K ü hlschrank. （冰箱里没有食物了。） 在德语日常会话中，我们显然能自如地使用 nichts （无）这个词。

对于哲学家来说，事情就没有这么简单。一些哲学家认为 "无" 指的是某方面的匮乏；另一些哲学家则认为 "无" 指的是 "绝对的无"，是真正的一无所有。古希腊人就开始反思，"绝对的无" 是否存在。古希腊哲学家巴门尼德在他的教导诗《论自然》中给出了一个极其明确的回答："无不存在。"他认为，我们不能谈论 "非存在者"，也不能思考它，"无" 不可能是现实的一部分，最终我们可以得出结论："无" 并不 "存在"。

然而，柏拉图早已指出，人们是能在某种意义上谈论 "非存在者" 的。当我们说 "石头不是树" 时，我们并不是指石头什么都不是（是 "无"），而是说石头是和树不一样的东西。"不存在者" 其实就是 "差别"。这种 "差别" 在柏拉图看来是一种精神实质，或曰 "理念"，而理念决定着物体间的关系。

然而，设想 "绝对的无" 对从古至今的哲学家而言依然是一个大难题。从现代逻辑学的角度看，这个概念甚至是没有意义的。因为只要人们尝试谈

论"无"，就不可避免地陷入这样的困境：谈论"无"必然需要有一定内容上的界定，而这种内容早已使得"无"成了某种"东西"，因而就不再是"无"了。鲁道夫·卡尔纳普（1891—1970）认为，关于"无"的命题都是形而上的假命题。当我们说"外面什么都没有"时，实际意思是"没有什么东西在外面存在着"，而不是说"外面存在着无"。

尽管如此，"无"看上去仍然是人类的一种基本经验。马丁·海德格尔认为，在与死亡的相遇中，我们所有人都最终面临自己的"不复存在（无）"的可能性，我们被置于恐惧情绪中，在这种情绪中我们才意识到我们的此在的有限性。这样看来，"无"和"存在"是密不可分的，正是"无"才为我们的此在赋予意义。

概念

我们怎样认知世界?

我们的思维怎样把握对象? 这与语言有什么关系? 这些问题的答案就在我们创造概念的能力之中。我们用概念建构世界,从而认识世界。

幼儿通过触觉开始构筑概念,作为成人,我们也用身体去体验周围的世界。我们不是用定义去掌握新概念,而是学习如何在我们的语言中正确地使用它们。

草场上有一头母牛正在吃草,而我们此前还从未见过这头母牛。我们自然马上认出这是一头母牛,尽管我们是第一次遇见它。原因是我们对此有"概念",知道什么是一头母牛。概念对于我们的思维来说是基础性的。如果没有概念,我们就无法形成判断,既不能重新认出事物,又不能进行有意义的沟通。概念在连接我们的精神和外部世界方面起到关键作用。概念使我们能够把握世界中的对象,并超越个别情况。谁拥有"母牛"的概念,谁就有能力认出一头母牛,而不论这头母牛是棕色的、黑色的还是杂色的,也不论这头母牛是他先前见过的还是没有见过的。

因此,伊曼努尔·康德在他的《纯粹理性批判》中严格地区分了概念和感性直观:"概念与直观是相对立的,因为概念是一种普遍化的表象,或者说是多个客体共有的一种表象,只要这一表象能包含于不同的客体之中。"据此,概念是一种普遍化的东西,我们的知性将对象的多样性归于其下。如果没有概念,我们对事物就只有杂乱无章的感官印象。在上文母牛的例子中,我们尽管有关于这头吃草的母牛的感性直观,也就是说某种特定的视觉印象或嗅觉感受,但我们不能说这些直观印象就是一头母牛。为了将这头母牛辨识为"母牛",我们首先必须有"母牛"的概念,然后我们才能判断我们看到的是不是一头母牛。只有我们的概念才能将直观材料塑造成一个整体,因此概念对于认知来说是建构性的。知性本身不能直观,直观本身不能思考。

在康德看来，没有直观的概念是"空洞"的，因为它没有对象；反之，没有概念的直观是"盲目"的，因为它缺少客观的规定。根据康德的理论，我们的思维只拥有一条间接的、借助概念通向外部世界的通道。概念仿佛是知性自身为了整理混乱的感官印象而想出的一套规则。换句话说，我们的概念以这样的方式建构了世界，才使得我们有可能认识这个世界。

然而，我们的概念是如何产生的呢？什么叫作对某物有概念呢？自古以来哲学家就认为，概念能通过某些特征被确定。要想掌握某概念，了解正确的定义即可。然而，许多概念不能被明确地界定，路德维希·维特根斯坦用"游戏"的概念阐明了这一点。显然存在许多种游戏，它们彼此之间几乎没有共同点。比如某些游戏中有赢家和输家，有些游戏中没有；有些游戏是单人玩的，有些游戏是双人玩的。看来我们并不能准确地定义什么是游戏。尽管如此，我们却知道"游戏"这个概念意味着什么。维特根斯坦认为，掌握概念无须知晓定义，只需要知道如何正确地使用它："词语的意义就在于它在语言中的使用。"我们如何正确地使用一个词，取决于我们所在的语言共同体的习惯，概念因此也能首先被理解为词汇使用的社会规则。据此，维特根斯坦反对将概念视为"精神性的再现"，就是说我们所遇客体的精神图像。实际上，我们不需要这些表象就能正确地与概念打交道。譬如我们不必是大学生物学专业的毕业生，就能辨认出在草场上站立的是一头母牛，而不是一只驼鹿。

> 〝 《哲学研究》，1953 年
>
> 词语的意义就在于它在语言中的使用。
>
> ——路德维希·维特根斯坦

孩童必须慢慢地学会将概念分派给事物，以此把自己变得是可以被理解的。他们凭借其在周围世界中直接打交道的东西，从臆想中的简单地分派开始。

语言

我们为什么说话？

我们能用语言所做的，远远不止于与人交流。我们的句子不仅描述事态，它们还改变着世界。

我们也可以不通过语言表达，比如用表情和手势表达。但我们必须在符号代表什么上达成共识，否则我们就不能有效地相互理解。

我们需要语言，不仅仅是为了相互理解。如果没有语言，我们既不能展示和传播信息，又不能协调我们与他人的行为。古希腊哲学家认为语言的首要功能在于对事物的正确命名。他们认为，语言表达所命名的东西仅仅是理性已经认识到的。然而，一些哲学家提出这样的问题：词语与事物之间的对应到底基于什么？柏拉图在他的对话集《柏拉图全集·克拉底鲁篇》中论述了这个语言哲学的基础问题，即词语（或者说名字）是天然地能够正确描述事物的，还是事物仅仅是依据习惯而被命名的？柏拉图的探讨表明，词语并不总是能有意义地指派给事物。根据柏拉图的观点，仅通过对词语的研究，我们得不到确定的知识。为了得到确定的知识，我们必须观察真实的事物。之后，亚里士多德强调语言的"再现"功能，即词语是我们从事物那里获得的表象的符号，词语不是简单地命名现实中的物体，而是指向不在场的事态，词语的意义不是自然而然地具备的，而是基于约定。

几百年来，人们的共识是，语言的功能是借助概念反映现实。到了20世纪，对语言的哲学理解才发生了根本性的转变。首先在英语国家，人们认为所有认识最后都依赖于语言。因此，在所谓的"语言学转向"中，人们试图用语言逻辑分析去澄清哲学问题。其次，在德国，数学家和哲学家戈特洛布·弗雷格（1848—1925）被认为是现代语言分析哲学的建立者之一，他认为，一个句子是一种思想的逻辑反映，只有在一个句子当中，词语才有意义。

弗雷格认为，哲学的任务就是揭示因惯常的语言使用所产生的欺骗。弗雷格在其著作《概念文字》中试图发展一种普世语言来去除这种欺骗。

青年时期的维特根斯坦甚至认为语言是世界的图像，在他的著作《逻辑哲学论》中，他尝试证明，句子和事态处于一种逻辑关系之中。然而，这种尝试失败了。后来，维特根斯坦认为词语的意义在于它在语言中的使用。不论我们是在报道什么，是在描述什么或给某人讲一个笑话，每次我们都在玩一个由规则引导的语言游戏，这个语言游戏是某一特定的"生活形式"的一部分。约翰·朗肖·奥斯丁和约翰·塞尔（1932）建立的"言语行为"理论，接续了维特根斯坦的观点。他们的核心论点是：我们不仅能用语言描述事态，还能做许多其他事情，比如威胁、命令、承诺等。言语行为理论假设，一种语言的话语是一种由规则引导的行为的形式。首先，每个言语行为都是由一个"语内行为"组成的，也就是说，它是说话者根据语法所做的一个语言表达。其次，借助语言的"内容行为"，话语和事物建立起联系，说话者通过"非语内行为"，表达某种特定的意图。最后，语言行为有对他人的影响力，奥斯丁称其为"表达效果的"言语行为。

"表演的"言语行为最终改变了世界。"我承诺"这个表达同时创造了它所描述的事态，也就是说这个承诺本身。其他例子还有"结婚""船舶命名""宣战"等。这些"表演的"言语行为可能成功也可能失败。为了成功，它必须和特定的实践相符。如果没有"承诺"的实践行为，"我承诺"就毫无约束力，就像没有牧师或民政局官员，人们也无法结婚一样。

根据约翰·塞尔的理论，言语行为理论还能帮助我们更好地理解社会现实。其核心观点是：言语行为建构"制度性的事实"。比如，金钱之所以成为金钱，不是因为其物理属性，而是因为我们赋予它金钱的地位。只有这样的"地位功能"才创造出约束力和权限。我们社会现实的其他部分，从财产到政治功能，都建立在类似的"地位赋予"上。显然，语言不仅是为交流服务的，它还是文明的基础。

> **《哲学研究》，1953 年**
>
> 我们的理性中了邪，哲学就是用语言与之做斗争。
>
> ——路德维希·维特根斯坦

罗塞塔石碑包含着用象形文字写成的一则牧师法令，附有希腊语译文，该法令是解码象形文字的基础。然而，现代语言学研究表明，相同的词语在不同的语境中有不同的意思。

信仰

我们把什么当真？

没有信仰我们就不能活。但什么叫作相信某事物呢？如何为一种
信仰辩护呢？

人们相信最难以置信的事情：地球绕着太阳转，有一个全能者存在，或
者有许多平行宇宙存在。相信某事物，意味着认为它是真的或正确的。人们
可以相信事实、价值或者神祇。苏格兰哲学家大卫·休谟把相信理解为"对
一个对象的设想，该设想的东西比我们的想象力独自所能达到的一切东西都
更鲜活、更有生机、更强壮、更加稳固和持久"。我们所相信的事物，相比
于单纯幻想出来的事物，有着更重的分量和更多的意义。如果我们什么也不
信，我们就既不能规划又不能行动。信仰不是一种行为，而是一种态度。美
国哲学家威拉德·冯·奥曼·蒯因（1908—2000）将信仰定义为以一种特定
方式对某物做出反应的倾向："相信汉尼拔跨过了阿尔卑斯山，意味着在被
问及此事时，倾向于给出肯定的答复。"

一个信仰或者说信念是一种意向性的精神状态，它与愿望和希望等有关。
此外，信仰为行为提供理由：相信会下雨的人，将很可能带上一把伞。此时，
这种信仰可能完全是基于天上的乌云，也可能是基于一种主观经验。一个
重要的哲学问题是：信仰如何得到辩护。融贯论者持这样的观点，即信仰的
正确程度取决于它和我们已经作为真实而承认下来的东西的相容程度。与之
相反，实用主义者认为，必须在实践中，即解决问题之中验证信仰。这也适
用于宗教信仰。美国哲学家和心理学家威廉·詹姆斯（1842—1910）认为，
尽管我们不能证明上帝的存在，但我们不能避免在宗教信仰的问题上做出自
己的决定，而这最终取决于信仰在我们的生活中扮演怎样的角色。

真理

什么是一个事实？

如果没有真理，我们就不能理性地判断或行为，我们的活动就仿佛是一架在世界上盲目飞行的飞机。但至今哲学家还在争论：真理到底是什么，以及到底有没有真理。

我们通常将真理理解为符合事实的某个断言或某种思想。真理的经典定义源于亚里士多德："说'存在者不存在，不存在者存在'，这是错误的；相反，说'存在者存在，不存在者不存在'，这就是真。"一个陈述为真，仅当有存在者，并且该存在者和该陈述符合时。真句子好像是现实的镜子。中世纪经院哲学家托马斯·阿奎那（约1225—1274）将此表达为如下形式："真理是事物和思想的符合"。这种"符合论的真理观"至今仍被许多哲学家认可，然而也存在许多反对意见。陈述和事物在多大程度上是相似的，这并不清楚。无论如何，"雪是白色的"这个语言陈述和雪没有任何相似性。同时，"事实"这个概念也是可疑的，因为它事先假定了真理的存在。一些所谓的后现代哲学家甚至认为，根本就不存在"事实"这种东西，只有各种阐释。从这种观点出发，每一个"事实"都是一个文化建构物。这些建构物因视角的不同而不同。所谓的"新现实主义者"，如德国哲学家马库斯·加布里埃尔（1980），反对文化建构的观点。他们认为，虽然我们可以对一个概念，如"雪"和"白"，做不同的解读，但情况并没有丝毫改变：当且仅当雪真的是白色的，"雪是白色的"这个陈述才是真的。

知识

我们相信着那正确的东西吗？

什么是知识？知识和纯粹的信息有什么区别？今天的哲学家认为，人能够知道一些东西，却不能谈论它们。

几千年来，图书馆存储着世界的知识。在当代，互联网越来越多地接管了这种功能。但是，我们积累的知识越多，把重要的知识和不重要的知识区分开就越困难。

知识不仅仅是在问答节目中被提问的东西。实际上，知识指的是我们知道的某种确定的东西，从电话号码到正确的汽车换挡过程。如果没有人类知识的巨大进步，现代世界的一切成就就都不存在，而今天我们认为这些成就是不言而喻的。但如果没有这些成就，我们也许仍住在山洞中，并信仰着巫术。英国哲学家弗朗西斯·培根认为：知识就是力量。

人们原则上把知识理解为一种确定的认知状况。柏拉图把真知置于单纯的信和意见之上。在他看来，意见是无知的信，而知识是通向真理的入口，我们只能通过思想去达到知识，而不能通过感官感知。亚里士多德认为，只有能给出证明的人才拥有知识。与柏拉图不同，他承认"当下的、现实的"知识也可以通过直接的感知获得。

伊曼努尔·康德却把知识的概念建立在被启蒙的理性之上。他的评价标准是"可当真"度。在康德看来，纯粹的意见是在主观和客观上都不充分的"当真"。只有在主观上和客观上都充分地"可以被当真"的东西才是知识。康德认为，一个人必须至少知道一些东西，才能给出意见。如果没有"和真理的关联"，一个陈述就是纯粹的"虚构"。

反过来，人们只可能知道人们相信或认为的东西。一个人不可能声称：他知道天要下雨，但他自己不相信这一点。很显然，这是自相矛盾的。相信某物意味着"把某物当真"。当然，这种相信也可能是错误的，而知识要求

相信是真的。但并不是每一个真信都是知识。某人可能碰巧相信了正确的东西，但他不知道这一点。比方说，某人猜对了中奖号，尽管他对如何出奖一无所知。为了能够说自己有知识，显然人们不能光凭自己有真信念，还必须拥有证明这种信念的理由。因而长期以来，认识论者认为：知识是得到辩护的真信念。这也是柏拉图早已论证过的一个观点。

　　在现代认识论之中，人们大体上区分三种知识：第一种是实践知识，即如何做某事的知识，比如怎样驾车；第二种是如下的知识，比如认识某人，却不知道此人的更多情况；第三种是关于事实的知识，比如"康德出生于柯尼斯堡"。此外，今天人们还区分"明确表达的"知识和"隐含的"知识。如果一个人清楚地知道并能说出如何开车，那么他就有明确表达的知识。与之相对，隐含的知识藏在实践能力之中，比如能够娴熟地操作，但不能阐明其中的规律。为了知道如何开车，人们不必理解驾驶的物理学原理，只要会开车，就足够了。

情感

情感有多理性?

没有什么东西显得比情感更不理性了。当我们愤怒或害怕时,我们常常关闭我们的理智。然而,情感经常要比我们认为的更理性。

恐惧、仇恨、愤怒、嫉妒、喜爱、同情以及友善,这些情感在几毫秒之内就在人们心中升起,它们不可控、片面、不留余地且主观。情感使我们失去平衡而脱离正轨,有时甚至有生理上的反应,比如当气得发抖时,我们常常握不住一个杯子。情感可以使思维全然短路,迫使人们做出看似不理智的行为,这些行为有时好,有时坏。长期以来,情感或冲动在哲学家那里并没有一个好名声。然而,今天的思想家开始以全新的眼光看待情感,把这种看似不理性的冲动看作感知和判断的形式,它们甚至可能向我们传递关于世界的知识。

几个世纪以来,哲学家严格区分着思想和感觉。情感被认为是盲目的、非理性的冲动,人们必须从中解放出来。斯多葛派认为,真正的独立仅存于那些不为情感左右的人身上。柏拉图也不信任情感,在他看来,情感扭曲我们看世界的目光。对于柏拉图的这种看法,后世始终有批评意见。布莱士·帕斯卡(1623—1662)就质疑这种"认识只能从理性中获得"的执念,他说:"我们的内心自有其理由,对此理性一无所知。"

在情感和理性之间显然存在着一种张力。一方面,情感看起来是盲目和非理性的;另一方面,我们又经常认为它是合适的。许多情感与我们的评估有关,比如我们愤怒,因为我们认为被骗了,当我们认识到这是一场误会后,愤怒又会很快平息。

驾驶时的愤怒被认为是一种不好的情感，我们应当压制它。然而，它有时却能帮助我们向他人传达信号，表明由于他们的行为，我们受到了伤害或遭受了不公平的对待。

情感大多在我们感到个人的处境发生变化时出现，它帮助我们迅速聚焦问题，而这常常是在我们能够做出理性评估之前。因此，从神经科学的角度看，在自然选择的进化中，情感曾给我们带来了决定性的优势：谁面临危险时无须长时间思考，谁存活的可能性就更高。

情感总是指向世上的某物，它和一个对象相关。用哲学术语说就是：情感是"意向性的状态"。显然，情感不单单局限于我们当下的体验，而是以某种特定的方式"再现"这个对象。怕蛇的人就会认为蛇是危险的。美国哲学家罗伯特·所罗门（1942—2007）宣称："情感即判断。"他并不是将情感理解为一种理智活动、一种纯粹的思想，而是理解为一种对世界的主观参与。当我们喜悦或愤怒时，我们的身体就会对相应的情景做出判断。对于道德感，我们的感情看来是十分重要的。

苏格兰哲学家大卫·休谟也认为，道德判断不是基于理性反思，而是基于情感。显然，我们在用直觉体察着什么是对的、什么是错的。凭借理性我们或许能够事后斟酌，但原动力是与生俱来的道德本能，而这种本能引导着我们的判断和行为。对此，休谟写道："理性乃是，而且只应当是情感的仆人。"

这样一来，从哲学的角度看，情感或感觉完全可以是理性的，只要它们能够展现出对某个确定情况的最合适的反应。情感给理性以补充，为我们创造着通往价值的途径，让我们意识到什么东西对我们的生活是重要的。虽然我们无法回避对情感的反思（如果我们严肃地看待作为理性存在物的自己的话），但是看来我们有必要赋予它一个属于它自己的理性形式。该理性形式以全然不同于纯粹反思的方式起作用。对此，以色列哲学家亚伦·本·泽艾夫（1949）提供了一种有趣的折中观点："在情感那里，理性不仅仅是一个有待考量的问题，而且首先是一个敏感的问题。"

《思想录之四》，1670 年

我们的内心自有其理由，对此理性一无所知。

——布莱士·帕斯卡

神迹

什么是超自然的?

神迹似乎与理性完全矛盾,然而却有许多人相信神迹,这就引发一个认识论问题:什么样的理由能使我们相信存在着根本不可能存在的东西?

在《圣经》中有许多关于神迹的故事,这些神迹不能被证明,然而不仅是宗教信徒从中汲取希望。
——普夫洛克祭坛的大师《拉撒路的复活》,约1521年

据说耶稣把水变成了酒,甚至曾在湖面上行走。从神迹般的治愈到起死回生——今天除了虔诚的基督徒之外,许多人仍然相信神迹。人们将神迹理解为好像或者实际上用自然律无法解释的事件,它最终归结于某种"更高力量"的作用。因此,人们在大多数的宗教中找到各种神迹奇事。对我们来说,最现成的是《旧约》和《新约》中的神迹。许多犹太人和基督徒把它们视为上帝介入人间事务的征兆和信仰的真理性的证明。神迹或者"征兆"在伊斯兰教和东方宗教中也大量存在,并且作用大抵相同。如今关于神迹的报告经常被视为前科学时期的神话。但究竟是什么能令我们合理地相信神迹呢?苏格兰哲学家大卫·休谟研究过这个问题。休谟认为聪明人将判断建立在经验之上。当我们思考某个事件是否会发生时,我们会权衡各种不同的经验事实,看哪些事实支持事件的发生,而哪些事实不支持事件的发生。我们自身极少经历神迹,不能诉诸自身经验,因而只能依赖亲历者的说法。现在,宣称经历了神迹就显得格外不寻常:因为所有的经验事实都不支持这样的宣称,所以神迹需要强证据。因此,休谟得出结论:没有什么证据能充分地证明神迹存在,"除非有这样的证据:说神迹是假的比说神迹是真的还要离奇"。事实上,如果某人宣称经历了一个神迹,那么存在两种可能:要么此人说谎,要么他说的是实话。在休谟看来,我们此时必须权衡哪种可能性更切合实际:到底是此人在撒谎,还是一件违背全部自然规律的神迹真的发生了。

不论神迹有多么不可信，宗教信徒似乎总是相信神迹。另一种可能是，在隐喻的意义上理解神迹，神迹是更高力量的征兆，而我们并不总是能解释其产生的方式。

上帝

上帝真的存在吗?

中世纪的基督教哲学家坚信，人们可以证明上帝的存在。然而，
他们的论据站得住脚吗?

今天，我们大多把上帝存在的问题归为信仰的问题，它原则上与科学的
认识无关。但从中世纪到近代，哲学家和神学家一直徒劳地尝试用严格的、
理性的论据去证明上帝的存在。其中之一是本笃会修士和主教坎特伯雷的安
瑟伦（大约1033—1109），他的《上帝存在的本体论证明》[1]至今仍被哲学
家研究。安瑟伦的机智论证是从上帝的概念本身开始的：上帝是一个完美的
存在物，并且人们不能设想比上帝更伟大的东西。已知，上帝存在于我们的
理性之中。现在我们假设，上帝仅存在于我们的理性之中，而不是在现实中。
那么必然有一个存在物，它比上帝更完美，因为它既存在于我们的理性中，
又存在于现实中。但这是不可能的，因为上帝的概念就是"上帝是至大而无
出其右的"。于是，上帝不仅仅在理性中存在，他一定还在现实中存在。但
是安瑟伦的论证是没有说服力的，仅从定义出发人们并不能推导出某物的真
实存在。伊曼努尔·康德在其《纯粹理性批判》中指出，"存在"并不是像
"红的"或"圆的"这样的事物的性质。"上帝无所不知"，这句话有一个

---

1 坎特伯雷的安瑟伦原著名为《宣讲——关于上帝存在的讨论》，康德在《纯粹理性批判》中
将其称为"上帝存在的本体论证明"（ontologischer Gottesbeweis）。——译者注

谓词"无所不知"，但句子"上帝存在"却没有谓词。说某物存在，并不会给此物添加任何性质。换句话说，我们不能将某物（即使它是完美的）就这样简单地想到世上来。此物是否存在，我们只能通过经验来断定。

逻辑学家戈特洛布·弗雷格（1848—1925）和许多哲学家一样，批判性地讨论了安瑟伦关于上帝存在的证明。在他看来，"存在"不是事物的性质，而是概念的性质。说某物存在，仅仅意味着，在它的概念之下至少有一个实物。"上帝存在的本体论证明"似乎混淆了逻辑：当我们宣称上帝存在时，其实仅仅在宣称在"上帝"这个概念之下有一个对象。从上帝的定义，人们并不能推出，上帝拥有"现实存在"这种特殊性质，简单地说，"存在"并不是现实存在物的性质。无论如何，我们也不能像无神论者那样，推理出上帝不存在的结论。上帝不存在同样也难以被证明。

灵魂

我们的 "内在" 是什么?

我们是否真的有一个非物质的、在我们死后依然存在的灵魂? 抑或
这只是宗教徒和神秘论者的迷信? 几千年来这个问题一直困扰着人
类。其间,人们对灵魂的设想发生了彻底的转变。现代的哲学家和
科学家不再相信一种非物质的、独立于身体而存在的精神性的东西。

神话中描述的爱神与国王
的女儿普赛克之间的爱情
可以被理解为一个隐喻。
当我们想念他人的时候,
爱情把人们的灵魂联系在
一起。
—— 安 东 尼 奥 · 卡 诺 瓦
(1787—1793)
《爱神与普赛克》

在人类的早期文化中,灵魂被认为是由神 "吹入" 身体的生命力,
于是灵魂常常与呼吸相联系。psyche(灵魂)这个词源于古希腊语动词
psychein,意思是 "吹气、呼吸";在印度的语言中,atman(灵魂)这个词
的原义也是 "呼吸"。柏拉图视灵魂为一个人的非物质的、理性的部分,基
于其纯粹的精神本性,灵魂可以不依赖于身体而存在。依照柏拉图的观点,
灵魂是不死的,身体仅仅是困住灵魂的牢笼。与之相反,柏拉图的学生亚里
士多德反对这种灵与肉的二元划分。他认为,人是一个整体,身体和灵魂一
同构成了生命,灵魂的作用是使物质的东西活起来。灵魂不是一种独立的实
体,而是一种能力,灵魂之于身体正如视力之于眼睛。根据亚里士多德的观
点,拥有看的能力是眼睛的本质,否则眼睛就不是眼睛。身体可以类比为眼
睛,而灵魂可以类比为视力。最初,人体内只有一种成为人的可能性,是灵
魂将身体真正地变成人。亚里士多德同时还认为,不仅仅人类有灵魂,他还
描述了有灵魂的生物的等级序列,并指出植物的 "植物性的" 灵魂是最低级
的,其次是动物的 "感觉的" 灵魂,最高级的是人类的 "理性的" 灵魂(或
曰精神灵魂)。在这三个灵魂等级中,只有人类的灵魂是不朽的,因为它与
神的精神相连。

16 世纪和 17 世纪的科学革命带来了对自然的全新观点,当然也改变了
人们对灵魂的看法。人体被理解成了一架按照物理规律运行的机器,因而假

定一种非物质的生命力就显得不再必要了。尽管如此，法国哲学家勒内·笛卡尔仍然尝试证明非物质的和不朽的灵魂的存在。人对他而言本质上是一个"思考着的东西"（拉丁语：res cogitans），这种东西原则上是可以脱离身体而存在的。在他的《沉思集》中，他向我们展示了人可以将任何身体的东西用思考的方式排除，唯独思考本身例外。这是哲学史上最著名的思想实验之一。只要我们思考，我们就存在，即"我思，故我在"。因此"思考着的东西"也能够脱离身体而存在。

对笛卡尔而言，身体和灵魂、物质和精神是根本不同的实体。于是就产生了哲学史上著名的、今天的哲学家仍在讨论的"肉体—灵魂问题"。该问题就是：如果身体和灵魂完全不同，那么它们是如何协作的。英国哲学家吉尔伯特·赖尔（1900—1976）曾经讥讽笛卡尔的"思考着的东西"为"机器中的精神"。17 世纪和 18 世纪的经验主义哲学家，如约翰·洛克和大卫·休谟，则试图将所有的知识建立在经验之上，因而反对形而上的灵魂概念。后来伊曼努尔·康德表明，关于灵魂我们得不到任何可靠的认识，因为我们并不能从"我们正在思考"这个事实推导出一个"思考着的东西"，也就是说，推导出一个独立的实体。

传统的灵魂概念失去了其意义，取而代之的是意识和自我。同时，现代哲学从根本上动摇了笛卡尔的二元论。当代只有极少数思想家仍然认为，精神和身体是截然不同的、可以不依赖于对方而存在的实体。据此，对非物质的灵魂的设想就失去了根基。而现代神经学则再次彻底地改变了我们对灵魂的设想。从该学科的视角看，我们根本就不需要设想非物质的灵魂来解释精神和心理现象。据此，我们只不过是自己的大脑而已。

智慧

我们从生活中学习什么?

聪明的人不一定是有智慧的。古希腊哲学家把智慧理解为最好的
生活向导,一种知行合一。

　　如果一个人对世界和人生有深入的理解并且按照该理解去行动,那么他
就被认为是智者。决定、判断、建议等,我们可以用"智慧的"去形容。我
们一般认为,智者为人处世避免极端,善用中庸之道,站在更高的层次看问题,
并承认自身知识的局限性。智慧有赖于一个人对人性的理解和生活经验的总
结,因而我们常常用"智慧的"去形容长者。亚瑟·叔本华(1788—1860)
曾把智慧界定为"完成了的、正确的、从总体和普遍的角度对事物的认识。
这种认识如此完全地渗透在一个人的身体里,以至于它也显露在此人的行为
里,并直接指导着此人的行动"。

　　哲学(philosophie)的原义就是"爱智慧",在希腊语中,philos 是朋
友的意思,sophia 是智慧的意思。但智慧实际上比哲学更古老。在人类早期
文化中,智慧被理解为超乎寻常的精神和心灵能力,比如对希腊罗马密教的
熟谙。古希腊数学家毕达哥拉斯在他所处的年代被认为是术士和萨满。据说
他能和动物对话。在早期的希腊,智慧还有一种实践的和政治的意义,即智
慧作为特殊的知识可以服务于集体。天文学家泰勒斯和政治家梭伦就位列"希
腊七贤"(一个公元前 7 世纪到前 6 世纪的、由声望很高的人组成的团体),
而狭义上的哲学家却并不在其中。

　　直到柏拉图的时代(公元前 5 世纪),"智慧"的概念才和哲学接近。
那些追求本应为神灵独享的完满知识的人,就被视为哲学家。在追求智慧的

所罗门的判决至今仍
被视为一个明智决定
的典范，该决定是基
于人类知识和生活经
验的。（尼古拉斯·普
桑《所罗门的判决》
1649，局部）

从苏格拉底那里我们学习
到，智者是那些承认自己
的知识有局限的人。

过程中，人们看到通向成功、幸福的生活道路。柏拉图称智慧为基本美德，
将其界定为对理念的精神性的直观，而理念按照柏拉图就是产生真实的现实
的本质。亚里士多德区分了智慧和聪明。智慧指的是对永恒真理的理论洞见，
而聪明指的是对成功生活有用的实践知识。斯多葛派和伊壁鸠鲁派未做此区
分，而是把智慧理解为实践的生活艺术。斯多葛派的塞涅卡（约1—65）认
为智者的立场在于逆来顺受，因为命运是无法改变的。在后来的基督教中，
智慧被认为是上帝的恩惠，在教父哲学家奥古斯丁（354—430）看来，科学
与时代的真理相关，而智慧则和永恒的真理相关。德国人文主义者库萨的尼
古拉（1401—1464）甚至认为，人必须将自身的智慧提升到与上帝的智慧相
似的程度，才能发现永恒的真理。

　　到了近代，哲学家对智慧越来越失去兴趣。哲学将自身理解为一种科学，
而不再是生活的艺术。同时，斯多葛派的智慧理想也遭到了批评。弗里德里
希·尼采讽刺现代哲学家说："他们不再自称为哲学家，他们把'对智慧的
爱'像挂一件僵硬的官服一样挂到钉子上。"另一方面，尼采将这种智慧理
想本身视为一种虚弱的标志，认为这种理想是"哲学家的隐匿处，躲在这个
隐匿处里，哲学家从疲惫、衰老、冷却和僵化中拯救自己"。一个真正的哲
学家应当生活得既不"哲学"也不"智慧"，"斯多葛派类型的人"是"十
足的白痴"。路德维希·维特根斯坦对智慧也没有好话："智慧只是向你隐
瞒了生活。"智慧是某种"冰冷的、缺乏激情的东西"。

　　对智慧的驱逐并不只是给西方哲学带来了好处，它还拿走了智慧对人生
的重要性。如今，许多人在神秘宗教和远远的东方智慧中寻找灵感，而不是
在哲学家的思想中。但在"智慧"的理念中包含着这样的洞见：单凭知识是
不够的，理论认识和实践的生活指导是一体的。哲学家曾经凭着他们对"智
慧的爱"，成为成功人生的楷模，今天他们还应当如此。

美

什么东西令我们喜爱，它们又为什么令人喜爱？

美对我们而言是重要的。我们梦想拥有美丽的房子，我们喜爱美丽的事物，我们自然也喜欢自己美丽。尽管如此，美是一个有争议的概念。美是在事物之中，还是在观察者的眼中？

缅甸巴东女人的"长颈鹿脖子"不符合西方的美的理想，但在当地却是极其光彩的。

柏拉图认为，美是一个纯粹精神性的理念，可用感官感知的单个物体能或多或少地分有这种理念。美与真和善的关系密切。柏拉图的这种设想至今还有影响力，我们很难认为邪恶的或者欺骗性的东西是美的。

柏拉图没有具体地界定美的本质，他更多的是从美的理念出发，并认为美的事物分有美的理念。柏拉图有很多关于美的标准，其中之一就是和谐的比例，这种标准直到文艺复兴时期都适用。美被认为是事物的客观属性，人们可以用智力把握它，甚至能计算它。直到 18 世纪，人们才开始注重主观的感性经验。美不再是事物的属性，而是精神的感知的产品。于是发生了从客观理念到主观感受的变迁。但这并不意味着，审美判断可以被看成完全随意的。伊曼努尔·康德在其《判断力批判》中把美的东西界定为"无利害关系的令人喜爱的对象"。在康德看来，仅仅认为某物美是不够的，我们必须出于它自身的缘故而认为它美，而不是因为它满足了我们的某种需求或帮我们达成某种目标。尽管我们不能简单地以"他人会认同我的审美判断"为出发点，但是我们必须以"别人将会这样做"为前提，必须假定有一个指导我们的审美判断的标准，否则我们就无法做出任何审美判断。用康德的话说就是："不借助概念而被作为一种必然的令人喜爱的对象来被认识的东西就是美的。"。

康德的"美是无一切利害关系的愉快的对象"这个概念在当时引起了很

激烈的争论，其后，古典的美的理想自身也遭到了批判。弗里德里希·尼采（1844—1900）提出真、善、美本身是不存在的，他认为美的判断是他的族类虚荣心，美感是一种错觉，但这种错觉对人类的生存是必需的。这就是尼采所谓的"在事物中发现了自己的映象"。到了 20 世纪，由于两次世界大战和纳粹的恐怖统治，美这个概念本身最终也变得可疑起来。西奥多·阿多诺（1903—1969）在他的《美学理论》中指出，美不能让我们和恐惧和解。美作为一种"不存在的生活的替代品"更多地暴露了美自身。然而，在被彻底经济化的现代社会里，美在阿多诺看来是一种批判性的矫枉措施——美能够超越现实，向我们展现一个他者、展现彼岸世界的一种可能。

想象

错觉还是奇想？

"这都是你想象出来的！"（意即：这都是你的错觉）我们在日常生活中常常把想象和错觉等同。但在哲学上，想象内涵丰富，因为只有它才赋予感知以意义。

独角兽仅仅存在于我们的幻想中。尽管如此，我们可以想象出它的模样，甚至能谈论它。有些哲学家认为，幻想的东西在某种意义上也是真实的。

在哲学中，人们大都把"想象"理解为感知和理性的中间环节。我们可以想象出一个物体，而它不必真的出现在我们眼前。我们用想象与我们的感官感知相连，同时填补感知中的空白。就这一点而言，想象或者说想象力，是一种精神能力，它与奇想和回忆近似。许多哲学家，比如伊曼努尔·康德，一向认为想象对于开拓我们的生活世界而言意义重大。

根据康德，想象是一种认知的来源，它既是"复制性的"，又是"创造性的"。其复制性在于，通过想象，人们将过去的感官印象反映到意识之中；其创造性在于，想象力把很多不同的印象综合在一起，并借助理性概括来拓展它们。因此康德把这种创造性的想象又称为"诗性的"。尽管如此，康德严格拒绝想象力能创造出不存在于感性经验中的新东西。

尽管我们可以想象并不存在的独角兽，但我们在经验上对独角兽的组成部分是熟悉的。想象力使我们有可能超出并重组我们的感官感觉。如果没有想象，就没有创造力、艺术和虚构。浪漫主义哲学家和诗人弗里德里希·施莱格尔（1772—1829）视艺术家的想象活动为人类自由的表达："想象力自身的目的就是内在的、自由的、随心所欲的思与诗。"仅仅将某物想象出来的人，也许并不是幻想家，而是比仅仅相信浅显的、可见之物的人思考得更为深远罢了。

物质

世界是由什么组成的?

什么是物质?它与精神有什么关系?现代科学与一些古代哲学家的想象又重新接近了。

宇宙中所有的东西都是由物质组成的。今天我们了解到,臆想中的空虚的空间也充满着量子,这些量子短时期内存在又旋即消失。

我们把物质理解为一种材料,所有的自然物,不论其呈现出什么样的形态,都由这种材料组成。古希腊唯物主义者德谟克利特认为,原子是不可再分的、用于组成万物的基本粒子。借助原子,人们能够解释一切自然规律。在原子论之外,古希腊人还有其他两种看待物质的观点。柏拉图区分了永恒不变的形式(理念)和可感知的物质。一方面,柏拉图的出发点是物质性的东西特定的几何基本形态,也就是所谓的"柏拉图体";另一方面,柏拉图还假设一种不定型的原始物质(希腊语:chora,意思是"空间"),而在世界生成的过程中,理念的精神性存在将自己压入这种不定型的原始物质。通过造物主的介入,产生了土、水、气、火这四种基本元素,它们最后采取了柏拉图体的形式,而物质性的东西就是由它们合成的。

在亚里士多德眼中,物质(希腊语:hyle)受形式的支配,只有属于精神世界的形式(希腊语:morphé)才赋予物质以确定性和现实性。这里的"形式"指的不单单是外在的形状,在一定程度上还指一个东西的思想性设计,即已经存在于物质中的一种潜能,比如大理石是这样的材料,人们用它可以建造雕像。所有事物,包括人,都由这种物质和形式的统一体构成。对于有机体而言,这种形式就是灵魂,它把纯粹的物质性躯体变成一个生物。

我们现在对物质的设想好像与古代的观点没有什么关系。自伽利略以来,人们根据可测量的属性来定义物质,这与亚里士多德的形式概念无关。

《哲学史宣读课》，1837 年

物质的实体在其自身之外，
而精神是与"自己同在的存在"。

——黑格尔

19 世纪，人们普遍认为所有物质都是由粒子构成的，在粒子之间有作用力。到了 20 世纪，阿尔伯特·爱因斯坦反对"以太"的概念（以太是一种光在其中传播的假想媒介），并发现了质量和能量之间的等价关系（E = mc²）。现代量子力学再次改变了我们对物质的想象。量子世界不是简单地由处于确定状态下的物质粒子构成的，而是由趋势和可能性构成的。在量子的世界中，弥漫着基本的、彻底的不确定性：粒子可以同时处于几种状态，只有当人们进行了一次测量，它才呈现出一种确定的状态。量子世界的这种过程性的、像生命般活跃的现象，让有些阐释者做出这样的猜想：在物质的底部，有精神性的东西在起作用。这又重新接近了古代哲学家的某些想象。

自然

我们为什么必须保护地球？

我们是自然的一部分，还是它的死敌？尽管"自然的"被我们当作褒义词，但我们所做的一切都是为了征服自然。

处于原始状态的自然给我们提供着一个逃避现代文明苛求的庇护所。但自然和文化之间的界限其实是不容易划定的，我们人类也是自然的一部分。

我们在许多语境中使用"自然"（Natur）这个词。比如说，我们驾车到大自然中去游玩，购买天然（natürlich，Natur 对应的形容词）材质的商品，并把一个开朗的人称作乐天派（Frohnatur，由 Froh"快乐"和 Natur 复合而成）。这些例子的共同点是，它们都和原初性的理念相关。古希腊语中的 physis 一词，翻译成德语就是 Natur（自然），在古代指的是所有的"就这样简单地"产生的事物。人、动植物和土地都属于自然。亚里士多德认为，自然的根本原则是运动。没有运动，就没有变化，因此也就没有生长。

从那时起，人与自然的关系就存在一丝矛盾。一方面，人作为生物是自然的一部分；另一方面，人是唯一一种能制造文化和人工物品的生物。哲学家和人类学家阿诺德·盖伦（1904—1976）在描述文化时说，我们以此"超越"了自然，创造了"第二自然"。尽管如此，严格地区分自然和文化几乎是不可能的，因为一定程度的文化创造属于人类的本性，至少衣服、住房和工具在任何人类共同体中都存在。无论在何处划定界限，都显得相当随意——驾驶汽车难道比在地里种小麦更"不自然"吗？

古典哲学家首先把精力放在讨论人的本性上，而人类怎样对待自然资源在今天却日益成为哲学的主题。环保运动的先驱汉斯·约纳斯在其 1979 年出版的《负责命令》一书中，指出了科技进步给地球保护带来的深远影响，并且以如下的话引发我们思考："难道只是因为人类能够征服自然，人类便应当这样做吗？"

理性

什么是理性的？

对理性的信仰支配着整个西方哲学的传统，但其实哲学家高估了理性带来的可能性。

我们有时对别人说"现在你可要理性一点"。大多数情况下我们这样说的意思是：不应该让自己被自发的冲动或感觉所左右，而是应当遵守既定的规则和原则。当我们呼唤一个人的"理性"时，我们期待他做出合理的反应，三思而后行。同时我们假定，我们的理性能与他人的理性取得一致。"私人理性"，也就是说，只是主体自己所拥有的理性，就不是理性。

全部西方哲学的传统都基于理性。居于中心地位的是这样的信念：理性是人与其他生物之所由分。亚里士多德把人界定为"zoon logon echon"，也就是一种能支配理性和语言的存在物。在古希腊，人们把 logos（逻各斯）理解为世界秩序的宇宙法则。斯多葛派从中看到了一种独立的原则，这种原则解释着宇宙秩序的"客观"理性，也解释着人类的"主观"理性。斯多葛派哲学家塞涅卡认为，人的理性才是真正的善，神的意志是人最高的法律。

一直到中世纪，神的意志都是衡量一切的尺度。因为上帝创造了世界，所以一切存在必然是理性的，客观和主观的理性是一体的。到了近代，对由上帝确保的理性秩序的信仰才逐渐瓦解。人们越来越退回到人类自己的理性中。启蒙运动首要批判的是传统的权威，他们以现代自然科学为典范，认为理性应当是其自身的尺度。伊曼努尔·康德把理性解释成"法庭"，在此法庭上，自身形而上学的和教条主义的错谬都被控诉。对于康德而言，理性是最高的认识能力。知性负责用概念连接现象，而理性的任务是将知性认识

> 66 《哲学经验论的阐述》，1836 年
>
> 理性是普遍的平等的原则，而知性是人与人之间不平等的原则。
>
> ——弗里德里希·威廉姆·约瑟夫·谢林

启蒙运动是基于对理性主义原则和普适价值的信仰。在法国大革命时期，理性甚至被神化了。《至高无上者节日》描绘的是 1794 年 6 月 8 日在法国的杜伊勒里宫举行的盛典。

带入诸原则的一体性之下。理性是任何一个有意义的世界开拓的前提。理论理性用来认识"那是什么"，而实践理性告诉我们"那应当是什么"。不仅是认知，人类的行动也屈从于理性的要求。

后来，德国的唯心主义将理性的主导地位推向了顶点。在理性的主体中，人们看到了世界客观理性的基础。约翰·戈特利布·费希特（1762—1814）认为，理性本质上是实践的。理性的行为是：在自我中，理性设定自身，而自我又设定现实。弗里德里希·威廉姆·约瑟夫·谢林（1775—1854）主张，理性和精神都是自然的反映。在他的哲学中，他断言思维和存在的同一、自由和自然的同一。格奥尔格·威廉·弗里德里希·黑格尔（1770—1831）将全部的历史都理解为理性过程，而精神在其中自我展开。

唯心主义对理性的高估不久就遭到了批判。浪漫主义者用感觉对抗理性对全权的要求。亚瑟·叔本华（1788—1860）认为，不是理性的"逻各斯"，而是非理性的"意志"才是世界的原则。弗里德里希·尼采甚至斥责理性为生命的敌人。和康德以及那些唯心主义者的头部超载的设想相反，尼采提出了"肉体的理性"。

对理性的批评在 20 世纪进一步发展，其中马丁·海德格尔的思想有巨大影响。海德格尔称近代的理性为"计算的思维"，认为其迷失了通向真正存在的路。马克斯·霍克海默（1895—1973）等人的"批判理论"认为，理性已经被贬低为技术性的自然控制的工具以及目的理性思维的工具。尽管如此，在各种对理性的批判中，讲道理的理性思维都是不可放弃的，尤其是在人类与宗教激进主义和各类迷信的斗争中。

逻辑

人怎样正确地思考？

什么是一个论据？如何区分有效的和无效的推论？逻辑帮助我们
避免思维的错误。

在策略类游戏比如棋类之中，起决定作用的是逻辑思维能力。玩家必须根据局势和对对手行为的假设来进行推理。

人们把逻辑理解为正确推理和论证的学说。论证意味着为一个信仰或一个观点给出理由。论据是我们理性思考的核心，它使我们能够比较不同的说法。某些论据能推导出必然成立的结论，而另一些论据是站不住脚的。论证要求逻辑思维。一个自相矛盾的说法直截了当地说就是毫无意义的。

如果某个结论从一些前提直接推导得出，那么该推理就是有效的。比如从"所有人都会死"（前提1）和"苏格拉底是人"（前提2）推出"苏格拉底会死"这样的结论。然而，从"所有人都会死"（前提1）和"苏格拉底会死"（前提2）绝不能推出"苏格拉底是人"这样的结论。苏格拉底毕竟可以是一种非人的生物。另一方面，当一个或几个前提错误的时候，结论却不一定是错误的。比如从"所有人都是希腊人"（前提1）和"苏格拉底是人"（前提2）能推导出"苏格拉底是希腊人"，尽管前提1是错误的。

逻辑的传统任务是揭露推理错误。某人可能会做如下推理：从"抽烟喝酒降低寿命"（前提1）和"X早死"（前提2）推出"X抽烟又喝酒"。然而这是一个错误推理，因为可能存在着其他缩短X寿命的原因。一个典型的错误推理，即所谓的乞题论证是：它把一个尚需证明的说法当作了已然成立的前提。比如"不买票乘车是不符合公共利益的，因为它以公共利益为代价"。这里前提所言无非就是结论。"不买票乘车以公共利益为代价"同样是需要论证的。

亚里士多德已经建立了正确推理（直言三段论）的学问，其著作达到了古典逻辑学的巅峰。他的一个本质性的洞见在于，逻辑推理的正确性不在于其内容，而在于其形式结构。对于有着相同逻辑形式的推理来说，当前提正确时，结论也正确，因为结论已经包括在前提之中。直言三段论关注的就是哪些推理是有效的，以及它们揭示出哪些结构。某些特定的命题甚至是必然正确的或曰"分析真"，比如"没有单身汉是结过婚的"。这个命题之所以必然是真的，是因为亚里士多德的矛盾律——"同一个事物从同一个角度来看，同时既和自己一样又和自己不一样，这是不可能的"——人们不能无矛盾地宣称，某事物是这样的，而同时又不是这样的。

在逻辑学发展的历程中，为了清晰地、不依赖内容地展现命题的逻辑形式，人们发展了多种不同的形式化语言。现代逻辑学由德国数学家和哲学家戈特洛布·弗雷格（1848—1925）创立。弗雷格甚至尝试将整个算术（进而整个数学）还原为逻辑。但英国哲学家和数学家伯特兰·罗素（1872—1970）在弗雷格的著作中找出了一个无法解决的矛盾，即"罗素悖论"，使弗雷格前功尽弃。尽管如此，弗雷格的理论仍有巨大影响力，它启发了"分析哲学"。分析哲学的传统是尝试借助逻辑学的概念分析使哲学语言更加明晰。

在日常生活中，逻辑论证也要求精确地使用语言。论据经常由于词语的歧义而被误解。此外，在日常讨论中，我们会遇见各种样式的错误推理，归根结底它们都源于不明晰的论据或修辞技巧。比如"针对人的论据"，这样的论据指向讨论方的私人情况和性格。还有"稻草人论据"，它的意思是把一种别人没有的立场强加给对方，以便更容易地驳倒对方。逻辑思维可以帮助人们发现这样的错误。这不仅是为了"逻辑"，也是为了人与人之间更好地沟通。

因果联系不仅能通过逻辑，也能通过经验性的观察得到确定。牛顿摆展现了动量和能量守恒定律的正确性。

启蒙

什么样的人是一个心智成熟的人？

自由、宽容、人的尊严，长期以来，人们为争取这些启蒙价值进行过激烈的斗争。直到今天，这些价值仍然是许多社会和政治辩论的中心议题。

普鲁士国王腓特烈二世（Friedrich der Große，1712—1786）十分喜欢启蒙的理念，在其无忧宫中围绕着他的是像伏尔泰这样的文学家和思想家。

　　启蒙的要求是个人心智的成熟。一个"被启蒙了"的人不再信任权威，而是能够独立地思考和自主地行动。启蒙的理念——自由、宽容、精神上的开放和多元，在西方世界已经成为任何现代文明社会的基础。然而，和具有不同价值的文化相遇却促使我们必须确保这些启蒙价值。

　　启蒙作为时代概念是与17世纪和18世纪联系在一起的，地域上首先是在英国、法国和德国，尤其重要的是法国大革命和人权的启蒙。重要的哲学家有约翰·洛克、大卫·休谟、沙夫茨伯里、德尼·狄德罗、伏尔泰、克里斯提安·沃尔夫、摩西·门德尔松，当然也包括伊曼努尔·康德。对进步、教育、理性和科学的信仰，同时还有对一切教条主义的排斥，确立了启蒙的思想。被启蒙了的人不愿再奔向旧权威和旧传统的怀抱，他们甚至比理性主义者走得更远。他们不再视理性为一个封闭的体系，不再认为知识是"先天的"，即知识能够先于任何经验得来。启蒙主义者更多地以经验的自然科学为榜样，并认为知识不仅建立在理性的基础之上，还建立在经验世界基础之上。

　　启蒙提出了对普适性的要求。普适价值应该对所有人都适用，不依赖于民族和文化。根据康德的观点，启蒙所要求的无非就是自由，"在所有领域对理性进行公共的使用"。然而，启蒙运动很快遭到了阻抗。浪漫主义者反对他们对理性的单方面强调，抵制现代科学的统治地位，认为科学将人类降

格为无灵魂的机器。 到了 20 世纪，马克斯·霍克海默（1895—1973）和西奥多·阿多诺（1903—1969）批判了启蒙运动的理性要求。纳粹对犹太人的大屠杀给他们留下了深刻的印象，在《启蒙的辩证法》中，他们表达了这样的观点：理性和科学并没有导致人类解放；相反地，它们以现代技术的形式，导致了人的物化和异化。尽管有各式各样的批评，但今天我们不能放弃启蒙的价值，比如在与极端组织的斗争中，启蒙思想有其重要的作用。

怀疑

人们必须质疑一切吗？

我们不确定，我们犹豫不决，我们知道的不确切。应不应该相信一个陈述？或者一个陈述的反面是正确的？人们能够或者必须去怀疑一切吗？怀疑能带我们走得更远吗？

怀疑带领我们深入思考问题并权衡各种论据，直到我们得出满意的答案。

　　怀疑是一种"令人不舒适和不满足的状态"，美国哲学家查尔斯·桑德斯·皮尔士（1839—1914）这样写道。怀疑是相信及确定的反面。在这个意义上，怀疑在多数情况下是一种我们想要消除的恼人之物。正因为如此，皮尔士把怀疑作为思想的引导原则。怀疑带领我们更深入地探究一个疑难、一个问题。当我们相信某物时，我们才满足，并试图坚守我们新获得的信念。法国的理性主义者勒内·笛卡尔已经把怀疑提升为了核心的思想方法。"在我能清楚明白地认识到某物是真的以前，绝不承认它是真的"，这句话在笛卡尔那里是确定下来的规则。笛卡尔的这种方法论层面的怀疑是为了把知识建立在可靠的基础之上。然而，哲学怀疑论者认为，人们从根本上讲就不可能得到可靠的知识。尽管人们不能从根本上驳倒怀疑论，但是我们有好的理由去反驳，比如如果我们只是一味地怀疑一切，那么我们最终无法行动。乔治·爱德华·摩尔（1873—1958）提出了另一个基于常识的论据来反对所谓的"外部世界——怀疑主义"。按照这种怀疑主义，我们不能确定地知道在我们自身的精神之外是否有事物存在。摩尔用自己的双手来阐明：显然我们有两只手，即使我们不能反驳那些怀疑我们是否有两只手的怀疑论者；但是反过来，怀疑论者也不能反驳说我们没有两只手。"我们有两只手"这个假设显然比"自身精神之外一切都不存在"更可信。如果我们的两只手存在，那么精神之外必然有其他东西存在——怀疑论者被驳倒了。

路德维希·维特根斯坦认为，当然我们并不是真
的知道我们有两只手，然而去怀疑这一点也是毫无意
义的。无论如何，我们必须从不被怀疑的事实出发进
行思考。这样的信念决定着我们的"世界图景"，它
就是我们判断是非的背景。当我们怀疑一切的时候，
我们就无法再对任何事物进行有意义的思考。用维
特根斯坦的话说："永无止境的怀疑连一个怀疑都
算不上。"

可能性

什么是可能的？

我们有时说，一切都是可能的。在某种意义上，这种说法也是对的。
有些哲学家甚至相信存在"可能世界"，在这些世界中，有独角兽，
埃尔维斯·普雷斯利（绰号"猫王"）还活着。

我们把可能性理解为某事物可能存在，但它还不存在。"可能性"这个概念原本描述的是一种能力或一种"力的状态"。亚里士多德已经仔细考察过这个概念，他将"可能性"（希腊语：dynamis）首先理解为一种"成为某事物"的能力。"可能性"是介于"不存在"和"现实"之间的状态，是"现实"的某种预备阶段。同时，亚里士多德区分了"现实的可能性"和"思想的可能性"，后者仅仅存在于灵魂或精神之中。"现实的可能性"的根基就在存在者自身之中。按照亚里士多德的观点，现实的可能性已经以某物的存在为前提，据此该物才是"可能的存在者"。可能性得到"形式"而成为现实，这种"形式"把存在者塑造成如其所是的存在者。比如，视力使得眼睛成为眼睛，如果没有视力，这个眼睛就不是现实的眼睛，而只是一只可能的眼睛。与之不同的是，"逻辑上可能的"是可以无矛盾地想象出来的东西或事态。"逻辑上不可能的"指的是事物的存在会与自身相矛盾，因而根据逻辑法则不可能存在。独角兽的存在在逻辑上是完全可能的，尽管它在现实世界中并不存在。在现代哲学家看来，当相关陈述不是必然错误的时候，其中所述的事情便是可能的。这样的逻辑可能性可以在"可能世界"的框架中进行描述，也就是说，在这些虚构的世界中，那些可能的就是现实的。今天人们用"可能世界"的构想去分析某些语句是必然真还是"有限真"，也就是说，有可能不真。正如美国逻辑学家索尔·克里普克（1940）在他的《命名与必然性》一书中所展示的，在所有的可能世界中，水的化学式 H_2O 都是真的，但存在着这样的可能世界，其中亚里士多德不是亚历山大大帝的老师。有一点是明确的，存在着有独角兽的可能世界，但很可能我们的现实世界不是那样的世界。

偶然性

所有事物也可能是另一种样子吗?

当每种效应都需要一个引发者的时候,偶然性是如何成为可能的? 其答案可能是,因为我们不了解所有事物,所以偶然性存在。我们就是没有能力解释清楚所有事物。但这并不意味着,所有事物都不能够被解释清楚或不能够被预先确定。

没有什么事情是无缘无故发生的。操纵电灯开关,灯泡就开始发光。如果没有技术故障的话,灯亮便是开启开关的必然结果。我们在日常生活中信任这些因果链。但是,也存在着我们不能预测的情况,对于它们的发生,我们不知道其原因。于是,我们说那是偶然的。亚里士多德认为,如果我们不能在原因和事件之间看出什么因果联系,那么该事件就是偶然的。当一个人在澳大利亚腹地荒无人烟的地区偶遇老朋友时,会惊呼: "多巧啊!"尽管有理由能解释,为何这个朋友会在此时此地逗留,但是我们会感到这件事的发生是极其不可能的,因为我们不了解其中的原因。由于我们的知识漏洞,我们不能预测某些事件,因此偶然成了可能。如果我今天早晨躺在床上而不出门,将会发生什么呢? 这样的话,我与老朋友见面这件事就不会发生了。只有当我们认为,事情可能会不一样的时候,才会有偶然。哲学决定论的代表反对这一观点,他们认为,我们永远不可能和我们实际行为不一样地行动。这样一来,一切都是预先设定好的,一切都处在一条没有终点的因果链上。这意味着,理论上,任一事件都是可以被预测的,只要我们得到足够多的信息。因此,决定论者不相信自由意志。我们所认为的自发、自主的决定,在他们看来,只不过是之前发生的事件的必然结果。我们不能真正证明决定论是错误的,但相当确定的是,我们永远无法掌握如此详细的关于这个世界的信息,以至于我们能够排除偶然。

在碰运气的游戏中，比如轮盘赌，似乎偶然性起支配地位。然而从决定论的视角看，其结果还是预先确定的。我们只是不理解导致此结果的因果链。

意义

所有这一切意味着什么?

我们每个人都会在某个时候追问人生的意义。但许多哲学家认为,这种意义其实并不存在。

不只有莎士比亚笔下的哈姆雷特提出了"生存还是毁灭"的问题。我们大多数人在某些时候也会追问人生的意义。但对此并不存在对所有人都适用的答案。每个人都必须找到属于自己的人生意义。

德语中"sinn"这个词有多种含义。有时,我们用它意指一种感知能力,比如视觉和触觉;有时意指目的,比如一个行为的原因;有时又意指文本的内容。但有时我们又说"Sinn des Lebens(人生的意义)",其意指,我们到底为了什么而存在。但是人生意义真的存在吗?这个问题本身有意义吗?

亚里士多德在最好的人类能力的发展中看到了人生意义。对他来说,这种发展存在于理论和实践生活的结合之中。与之相反,中世纪的经院哲学家托马斯·阿奎那认为,上帝才是人的最终目的。而一个符合美德的生活(这一点是亚里士多德的逻辑)是通向上帝的必由之路。

在世俗世界中,宗教愈加失去其创建意义的力量。由此产生这样一个问题:如何寻求此在的非超验的、内在于世界的意义。当今许多哲学家认为,人生意义的问题没有普适的答案。我们可以说明的只是,在何处人生意义不存在,比如在不切实际的或与其他目标相冲突的人生目标之中。一旦,人们试图从正面去确定普适的人生意义,就会不可避免地陷入困境。对于每一个可能的答案,人们总是可以进一步追问它的意义又在何处,而这一追问是永无止境的。因此,路德维希·维特根斯坦得出的结论是:"世界的意义必然在世界之外。"然而,这并不意味着,每个人都不能为自己的人生找到意义,并且有意义地用它来指引人生方向,尽管他人在其中可能全然看不出任何意义。

希望

我们对未来有什么期望？

我们对未来有许多期望：中彩票，从疾病中康复，找到心爱的人，等等。希望可以与日常琐事相关，也可以关乎人生的重大问题。

正在接受核磁共振检查的病人充满忧虑，同时也希望自己被证实未患疑似病症。即使检查结果很糟糕，医生也希望能帮助病人获得乐观心态，甚至辅助治疗。

每个希望都指向一个未来事件，该事件在我们看来是值得期待的，尽管我们不知道，所希望的事情会不会真的发生。但是我们有一定的信心，认为它会发生。这是希望与企慕的不同，后者是不会实现的。同样，希望和愿望也并非同一的，愿望可以指向不可能的事物，而希望的出发点是，被希望的事物是可能实现的，即使这种可能性不大。一方面，我们可以希望一件我们无法干预的事情；另一方面，我们也可以希望我们至少能部分掌控的事情，比如我们希望实现某些目标。恩斯特·布洛赫（1895—1977）曾在其《希望的原理》中写道，希望"爱上的是成功，不是失败"。《希望的原理》一书探讨的是各种形式的乌托邦思想。其中，社会乌托邦扮演着核心的角色，它由对更好世界的希望所引导。

长久以来，哲学家对希望大抵持批判态度。希望最终是建立在有缺陷的知识之上的，就这点而言，希望不够理性。在许多情况下，我们也不会信任希望。没有人会单凭着"什么都不会发生"的希望，蒙着眼过马路。希望可能导致危险的"愿望思维"，这种思维使我们头脑混乱，让我们脱离现实。比如当一个能力远远不够的登山爱好者却希望攀登珠穆朗玛峰，并认为自己真的能做到时，希望就会使他陷入危险。但从另一方面来说，如果不存一点希望的火花，我们的生活就会失去意义。如果我们不希望实现某些人生目标，我们也就不会有动力去为之奋斗。只要尚存一丝机会，去希望某个目标的实

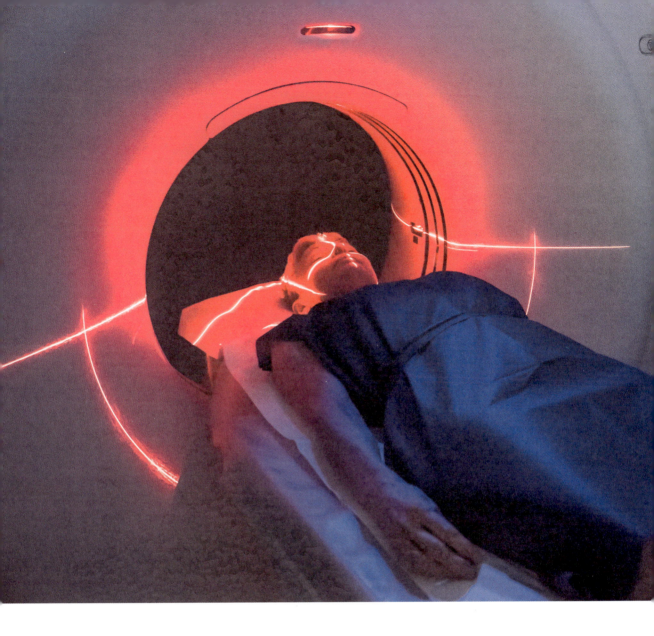

> **《希望的原理》**
>
> 重要的是学习去希望，希望的工作就是让人不放弃。它爱上的是成功，不是失败。
>
> ——恩斯特·布洛赫（1938—1947）

现并非是不理性的。比如在重症患者群体中，怀有康复希望的病人会比早已放弃希望的病人有更大的好转机会。尽管如此，单凭模糊的对"某事可能发生"的希望，就依照"此事一定发生"去行动，是非理性的，或许也是危险的。如果有人怀着中彩票的希望就去购买一辆保时捷，那他并不是一个满怀希望的人，而是毫无希望的堕落的人。

时间

什么是现在？

时间始终伴随着我们。我们最熟悉不过的就是时间，但我们至今也不能说清楚时间到底是什么。在时间的问题上，奥古斯丁早已充满悖论地说："没有人问我时间是什么的时候，我知道时间是什么；而当我向提问者解释时间是什么的时候，我反而不知道时间是什么了。"

我们常有这样的感觉，时间有时像沙漏中的沙一样流逝，有时又好像静止不动。但时间的流逝可能只是一种欺骗着我们意识的幻象。

早在古代，哲学家们就相信时间与变化相关。没有时间，就没有变化；没有变化，就没有时间，否则，我们就不会说时光"流逝"。柏拉图认为时间和天体的运行是一致的，他将宇宙看作有灵魂的活的有机体。与之相反，他的学生亚里士多德认为时间仅仅是衡量变化的尺度，是一个抽象的大小，并没有自身的存在。时间毕竟纯粹是由不存在的部分组成的——时间的一部分已经逝去，另一部分还没到来。只有现在是现实的，但它只不过是一个没有延伸的点，是过去和未来之间的过渡，而本身却并不拥有持续性。奥古斯丁认为，时间是趋向于"不存在"的。他在《忏悔录》（397—401）一书中得出了一个极端的结论：时间仅仅存在于我们的精神之中。正是我们的意识，使得我们能区分"过去"现在"和"未来"。我们期待未来，感知现在，回忆过去。过去、现在和未来，是灵魂中的三位一体。

至今哲学家仍然在"时间是真的在流逝，还是仅仅是我们的想象"的问题上意见不一。或许，我们对时间本质的追问就是错误的，因为如何体验时间是与我们的经验世界密不可分的。即使时间只是一个幻觉，但这也不能阻止我们用时间定位。

回忆

什么是我们的历史？

许多哲学家认为，没有回忆就没有我们自身。实际上，我们不断地从我们过去的经验中汲取教训。但是，那些我们回忆不起来的体验又扮演着怎样的角色呢？

我们年纪越大，就越依靠回忆过活。如果不能回忆，我们就会对过去毫无概念。路德维希·维特根斯坦曾经指出："只有通过回忆的方式，我们才能意识到时间的流逝，也就是说有些东西曾经在而现在不在了。"我们把回忆理解为对之前的意识内容的召回。根据柏拉图的观点，所有的学习都基于对前世理念的回忆（希腊语：anamnesis）。教父哲学家奥古斯丁则认为记忆是对上帝的回忆，这种回忆隐藏在我们的灵魂深处。直到约翰·洛克才意识到对自身经验的回忆对于个人身份认同的意义。因为就是回忆才使我们的意识统一。通过回忆昨天做了什么，我们意识到是我们而不是其他人做了这些事。按照洛克的观点，没有回忆，我们就没有自身，如果没有对过去的意识，我们就不是人。

从现代神经科学中我们了解到，回忆不是中立地复现发生过的事，而是评价，并且经常歪曲它们，直到形成客观上错误的回忆。此前，弗洛伊德的精神分析已经改变了我们对记忆的理解。根据弗洛伊德的理论，恰恰是给我们留下深刻印象的东西，常常不被我们意识到。这是灵魂的自我保护功能，然而，这些无意识的回忆空洞可能会导致

随着年龄的增长，人们越来越沉湎于回忆。如果没有对过去的意识，我们就很难维持我们的身份认同。

精神疾病。精神分析的思想也影响了许多哲学家。"批判理论"的代表人物之一，社会哲学家赫伯特·马尔库塞（1898—1979）认为，我们作为现代的、文明的个体，以及被文化压抑的个体，拥有对"承诺与可能性"的回忆。这些"承诺与可能性"曾经被实现过，并且从来没有被完全遗忘。另外，我们那永远无法完全兑现的愿望和企慕在我们的幻想中始终都是活跃的。

神话

故事为什么是好的？

在受科学影响的世界图景建立起来之前，神话担负着解释世界的功能。神话是理解世界和自身人类意志的表达。神话在今天还重要吗？

许多国家和文化都有神话，这些神话对其自我认同而言是重要的。问题的关键不在于这些神话包含着多少真实成分，而在于它们创建意义的功能。吸血鬼和暗影鬼魅的神话流传于许多文化之中，这里的图片展现的是弗里德里希·威尔海姆·穆瑙的电影《诺斯费拉图——恐怖交响曲》（1922）中的场景。

　　神话是在一个共同体中被叙述和被传播的故事，它们解释着世界和人生，或者其中的侧面。比如在许多文化中都存在着一个描绘世界如何产生的创世神话。神话与寓言、传说及童话有相似之处。神话借助示范性的、象征性的故事传达道德和意义赋予某方面的信息，其中的主角往往是神祇或英雄。神话通常有着对真理的要求，这与宗教学说相似，它们不需要更进一步的理由。

　　在古代哲学家柏拉图那里，神话有着巨大的作用。在其对话中，柏拉图把神话主要用作隐喻，而不是对现实的描摹。柏拉图在《会饮篇》中描述的球形人的神话十分著名。从前有一种球形人，他们有两张脸、四条胳膊、四条腿。因为违抗了神灵，众神之父宙斯把球形人劈成两半，单个的人就这样产生了。从那以后，被分开的两半都受到诅咒，他们必须始终怀着不完满的感觉去寻找他们失去的另一半。柏拉图这样解释了性欲的起源。

　　今天，哲学家们仍然在探讨神话存在的意义。尽管启蒙运动尝试用理性的世界观去摒弃神话，但神话仍然为人们所接受，并被运用于文学和童话中。哲学家汉斯·布卢门贝格（1920—1996）认为，神话是人类在周遭世界的复杂性和不可解释性的重压下的表达。因为易于理解的神话故事降低了这种复杂性，在不可解释处创造出补救性的解释，并给予（生活）支撑和方向。在希腊和北欧的神话中充满着使人发笑的故事。哲学家卡尔·雅斯贝斯（1883—1969）认为："神话的真理不是知识。"尽管如此，神话中的某些主题和信息至今仍不失其重要性。做过深入探究的人会发现，现代奇幻文学经常从古老的神话那里汲取营养。

第2章

人与关系

什么决定着我们的生活？

◇◇◇◇◇◇◇◇◇◇◇◇◇◇◇◇◇◇◇◇◇◇◇◇◇◇◇◇◇◇◇◇◇◇◇◇◇◇

日常生活大多将我们牢牢把控。我们必须工作、处理事务；我们几乎没有时间思考我们的此在。但也有这样的时刻，我们停住脚步并向自己提出质疑，我们是否走上正确的道路或者应该进行一些改变，是不是我们工作太忙，太少关心对我们来说重要的人。什么影响着我们的生活？什么对我们而言是重要的？哲学家找到了这些问题的答案，从爱、友谊到我们与死亡的关系。直到今天，我们都能够以这些答案为人生向导。

人

谁可以负责任地行为？

在这个世界上，人享有一种特殊地位。与事物和动物不同，只有人被视为具有权力和能力。只有人才有道德感。关于人权的解释绝非基于对人类的信仰，而是基于对"人类的尊严与价值"的信仰。但是确切地说，人究竟是什么呢？

如今机器人具备令人瞩目的能力。它们可以独立地跑动、完成简单的任务。虽然它们还不能像我们一样思考。然而有朝一日，我们可能会赋予它们人的地位。

拉丁语中 persona 的最初含义为演员的面具。早在古罗马时期，人们就将其转义为一个人的社会角色。但在中世纪人们才将人定义为有道德、有理性的存在物，且该存在物以他的自由意志为标志。而我们关于人格性的现代理解要追溯到英国哲学家约翰·洛克，他区分了"人体"（mensch）和"人"（person）。他把"mensch"简单地理解为生物有机体。而"person"对他来说则完全不同："我认为这个词描述的是一个思考着的、有理智的存在物，这个存在物具有理性和思考的能力，并能够将自己视为自己。"（《论人类的认识》，1690 年。）洛克认为，一个人的身份认同既不取决于身体，也不取决于灵魂，而是取决于意识的连续性，即和我们自身相关的、跨越时间的表象的一体性。一个可以回忆起过去经验的人同时也知道，是他而不是其他任何人曾经有这样的经验。伊曼努尔·康德重新将其关于人的概念与人的自由紧密相连。对康德而言，把人置于所有其他存在物之上的，是把自己作为"自我"来意识的能力。与其他存在物相比，人作为理性的存在物不是实现目的的纯粹手段，而是目的本身。就这一点而言，人的概念居于康德道德哲学的中心地位。作为理性存在物，人是自律的，并能够对自己的行为负责。"人是这样一个主体，他能够对自己的行为负责。"诚然，康德关于人的概念是狭义的概念。因为并非所有人都恰好有能力对自己的行为负责，比如精神障碍患者或阿尔茨海默病患者。按照康德关于人的概念，这样的人就是动

> **"** 《道德形而上学基础》，1785 年
>
> 人是一个能够对自身行为
> 负责的主体。
>
> ——伊曼努尔·康德

在很早的孩童时期，人就已经证明了他具有个体自由意志，并由此作为独立的人被感知。然而直到什么时候一个人是未成年的且在法律意义上还不是一个人？

物。但这是有问题的，因为按照康德的观点，我们没有对动物的道德义务。

在现代哲学中，人的概念以两种方式被使用着。在描述性意义上，这个概念意味着一个实体、一个"存在者"，它具有特定的性质和能力，例如作为一个人所必需的像理性、自我意识、道德意识或者交流能力等功能。这一视角所遵循的是约翰·洛克对人的定义。根据他们的观点，一只猴子（或者一个机器人）理论上也可以是人，然而一个阿尔茨海默病晚期患者却会丧失人的身份。这种描述性的定义并不能说明一个人的伦理地位，它只指对人格性而言必要的评价标准。然而在规范和评价意义上，我们赋予某人以人的地位，是为了对他的道德约束做出说明。例如，人们拒绝移植诊断的理由是人类的胚胎是人，并因此是尊严的载体，而无须说出人的特性。有些哲学家认为，人格性的唯一标准是某人是否属于人类这个种属。

正如我们所看到的那样，并不存在能够确定人的存在从哪里开始、在哪里结束的精确标准。很多法律系统完全有理由干脆把人的地位赋予所有公民，而不去考虑他们的认知能力。如今很多哲学家认为，人的地位建立在相互认同的基础之上。在和他人的日常交往中，我们不会首先分析对方满足人格性的哪些标准。恰恰相反，即使我们不能完全确定，对方是否真正的是一个理性的、有自我意识的存在物，我们仍会像对待人那样对待他。

本真性

谁是真实的我？

很多人在寻找他们"真实的自己"，有些人甚至毕生都在寻找。
但什么是"本真的"？

在度假时为了不让自己感到像游客，而是如本地人，我们寻求一个本真的氛围。餐饮业和饭店老板喜爱利用这一想法——为了看起来更加"典型"而经常造假。

"本真性"这个词意味着真实、可信赖或可靠；它源于希腊语的 authentes（"自我实现的""自己行动的"）。"本真的"可以是一个签名或者一件艺术作品。如果我们亲身感受了一个人的正直、独立和自主，我们便常常认为他是本真的。然而，我们今天所理解的本真性，对古希腊人和中世纪的人来说同样陌生。个体的形象在现代世界才形成，这一个体并不仅仅顺应于更高等级的、上帝的秩序，而是要实现他自己对生命的设想。我们现在关于本真性的观点源于 18 世纪的启蒙运动。法国哲学家、作家让 - 雅克·卢梭（1712—1778）在其自传《忏悔录》中向读者允诺了"绝无先例的真诚"，一个人未被美化的形象，即他内在真实的样子。浪漫主义者约翰·哥特弗雷德·赫尔德（1744—1803）也早已开始宣传一种新的内在性、彻底的主观性以及个体毫不伪装的本真性。

"本真性"这个概念在马丁·海德格尔的存在主义本体论中获得了一种特殊含义。他在其代表作《存在与时间》中分析了人之此在的基本结构。海德格尔认为，我们的此在的特征是，此在与自己、与自己的存在处于一种关系之中。在这一方面，我们从可能性出发来理解自己，我们通过筹划未来而得以生存。

然而，此在在大多数时候却完全献身于"常人"之中，献身于我们工作和例行公事的日常之中。只有面对死亡的可能性时，我们才能走出这一"常人的沉沦"。只有这样，此在才能达到他的本真的存在。法国的存在主义哲学家，特别是让 - 保罗·萨特（1905—1980）继承了海德格尔的观点，他首先将一个本真的生命理解为对自己的决定负责。

今天，我们更多地会将本真性这个概念与同"真实的自己"相一致的生活这一设想联系起来。然而，这种设想只是一个愿望，它最终可能导向自欺。因为我们只能在与他人的对话中认识我们自己。加拿大哲学家查尔斯·泰勒 (1931) 认为，对于一个本真的生活，我们需要诸多意义视域，并且我们能够根据这些意义视域指导自己的生活。本真性总有一个社会维度。为了本真地存在，我们需要他人。

同一性

人们怎样保持同一性？

没有同一性原则，生活会很困难。与事物打交道的时候，我们总是以事物保持某种稳定性为出发点，也就是说一个东西在今天和昨天是同一个东西。但"保持为同一个东西"取决于什么标准呢？

同卵双胞胎不仅看起来相似，容易混淆，而且他们有同样的基因。在这个意义上，他们因此是"质的同一"，但不是"数的同一"，因为这是两个不同的人。

通常我们将同一性理解为完全一样。而在哲学上，人们尝试更精确地把握这个概念。当它们是同一个东西，而不是两个时，它们是"量的同一"。例如启明星和长庚星是同一的，因为这两个名字都指金星这颗行星。与之对应，如果两个东西具有精确的相似性，人们会说"质的同一"。就这点而言，同卵双胞胎虽然可能是"质的同一"，但不是"量的同一"，因为他们是两个不同的人。基本的逻辑原则适用于同一性关系。根据"莱布尼茨法则"，同一的事物是不可区分的。虽然这一法则以莱布尼茨（1646—1716）命名，但可能早在古希腊罗马时期就已经为人们熟知。也就是说，当 X=Y 时，那么一切适用于 X 的也必须适用于 Y。如果一辆汽车有刮痕而另一辆没有，那么就不能说是同一辆汽车。否则这一辆车同时有刮痕又没有刮痕，这是有矛盾的。因此，人们也称之为同一事物的"不可区分法则"。

如果事物是同一的，那么它们绝不会有所不同，否则它们不会是同一的。然而人们必须考虑到，事物是在变化中的，并且可能具有新的特征，而这并不会由此改变它们"量的同一"。虽然我的汽车有了一个刮痕，但它还是那辆汽车。诚然，不同的事物有不同的同一性标准。因此，在数学上如果两个集合的元素是相同的，那么它们是同一个集合。

与此不同，一个社团即使有新成员加入，它还是保持不变。当我们判定同一性时，我们常常以对事物"本质"的假设为基础。有时这会导致困难。

> 同一的东西是在保持真理不
> 变时能够随处相互替换的东西。
>
> ——戈特弗里德·威廉·莱布尼茨

例如可以想象下面这样的场景：一个社团存在了一些年，后来它解散了。一段时间后，一些以前的成员建立了一个有相同名称及相同规则的新社团。那么现在这是同一个社团还是只是一个相似的社团呢？

"人的同一性"问题是极其繁杂的。一个人经过一段时间后还是同一个人（"历时同一性"），这取决于什么判断标准呢？这里人们有两种区分方式：一种是根据"生理的"标准，同一性取决于身体的连续性；第二种是根据"心理的"标准，同一性取决于心理状态的连续性，例如记忆的连续性。与人的同一性相关的理论要溯源到英国哲学家约翰·洛克的《人类理解论》。洛克认为，是意识构建着跨越时间的人的同一性。他以一名鞋匠的著名事例说明了这一点。这名鞋匠突然有了一名侯爵的意识，由此也有了侯爵的记忆。因此这名鞋匠是一位侯爵，即使他看起来和这位侯爵不同。现今的哲学家经常进行不同寻常的思想实验，比如在这些实验中涉及假设性的大脑移植或远距传物。比方说在一次手术时，一个人的大脑（这个人现在死了）出于疏忽移植给了某人。此外，两人在身体上是极为相似的。存活下来的人现在有了另外一个人的意识，以及他的所有记忆，并且看起来长得也一样。那么，我们必然得出这是同一个人的结论吗？

不过一些哲学家否认把人的同一性还原到心理或生理特征上。例如"叙事的同一性"认为，一个人的同一性实质上是通过他怎样阐释经历、怎样将经历融入他的自我理解来决定。

无论如何，人的同一性要比事物的同一性复杂。一辆汽车仍与昨天相同，这显然完全取决于物质的标准，例如取决于其内部是否有同样的发动机。然而为了使我们信服，他还是那个昨天和我们说话的人，我们却无法直接看到他的内部心理活动。

私人空间

谁在监视谁?

私人空间意味着什么?为什么我们必须保护它?从谷歌到脸书直至美国国家安全局,在一个互联网的世界里,我们的私人空间似乎处处受到威胁,进而是我们的自由和自主决定。

我们大多将私人性理解为一种退隐的状态。我们想保持不被他人尤其是不被陌生人打扰的状态。然而定义私人空间却不那么容易。一些人认为,私人空间是一种限制交往通道的方式,相反另一些人则将其视为掌控私人信息的权利。有些人认为,为使一个不受打扰的自我发展得以可能,私人空间是必要的。其他人则将私人空间的价值置于人际关系的首要地位。

传统自由主义的私人空间的观念首先以免受不受欢迎之人的侵扰为导向。从这个角度来看,私人空间是言论自由的必要前提。如果我们不能确定,我们的互联网活动是否正受到监视,我们会在一定程度上陷入自我审查的危险之中,例如在邮件中不再写某些事情,因为我们会害怕,某些人也在读这封邮件。

米歇尔·福柯(1926—1984)分析了作为现代权力技术的监视。他用"圆形监狱"(18世纪关于监狱的一个理念)阐明他的思想。福柯将其借用到社会层面,社会不再从身体上规训它的臣民,而是在精神上使他们顺从。圆形监狱的设计理念在于,人们没有必要真正监视囚犯,而是让他们无时无刻不在害怕被监视。也就是说,监视意味着自我监视。

今天，监控摄像头在许多地方监视着我们。安全与要求私人空间的权利在此处于冲突之中：当我们必须时刻考虑自己是否正在被监视时，我们的行为就受到了限制。

财产

什么属于个人?

从自己的自行车到私有住房直至家族企业，财产观念在我们的社会中扮演着一个至关重要的角色。人们究竟为什么想要占有某物呢？财产是如何被证明具有合理性的呢？

土地属于所有人。但谁能够利用自然，例如通过耕种，便拥有劳动成果的权利，也就是拥有财产的权利——就像这位种植大米的越南农民。

我们说："这是我的。"这句话表示某物是我们的财产，某物属于我们。今天，我们将财产理解为在法律上对某物的支配权。谁拥有一座房屋的产权，只要他愿意，他便可以出租或转让该房屋。

哲学上关于财产的探讨要回溯到古希腊罗马时期。例如柏拉图对私有财产没有多少正面评价。在他的理想国中，公共的（东西）超越个人的（东西）。护国者负责安全和政治领导，他们不允许占有私有财产，因为这会分散他们对自身任务的注意力。而亚里士多德认为，为了加强公民的自我负责的能力，私有财产是必需的。然而，他也认为，为公众福利而投入私有财产是值得称赞的。第一个现代财产理论是英国哲学家约翰·洛克发展出来的。洛克认为，劳动是财产的基础。虽然土地属于所有人，但每个人至少拥有自己和自身的劳动。因此，人们通过加工并利用自然的方式获得财产。例如当某人从事耕作，那么这项劳动收获的果实就属于他。

对康德而言，私有财产是实践理性的一项要求，因此是一项自由权利。按照康德的观点，人们原则上可以拥有一切东西并不让其他人使用这些东西；同时，其他人有义务使私有财产成为可能。当然，康德认为保护财产需要法律机构以及一个国家的体制。

然而，让-雅克·卢梭将私有财产视为人与人之间不平等的根源。卡尔·马克思（1818—1883）的资本主义批判旨在废除生产资料的私有制，因为它建

立在对劳动者的剥削上。另外一些人认为，财产对
于人格发展是重要的。例如黑格尔甚至认为，财产
是精神之展开的必要一步。精神同化着世界并有意
识地建构着世界。只有在这样的"对象化"中，精
神才会在它的自由中意识到自身。财产似乎对我们
个人的身份认同也是重要的。美国心理学家、哲学
家威廉·詹姆斯（1842—1910）将"一个人所持有
的关于他自己的所有事物、知识和信念"称为一个
人的自我。为了成为自己，人们必须要拥有多少？
确切地说，这是一个道德问题。

财产也可以作为地位的象
征。从汽车到服装，我们所
拥有的东西决定着我们的社
会地位。这也属于我们个人
的身份认同。

故乡

何处是我家？

在何处，我们感觉是在家？我们总想要返回到哪里？即使浪迹天涯的人也知道故乡的感觉是一种十分特殊的东西。它只有在人们觉得受欢迎的地方才产生。

我们不能选择何时何地出生。出生地会给我们打下一生的烙印。可是出生地就是我们的故乡吗？有些人在其出生地度过一生，另外一些人尽可能快地寻找远方，让自己在世界的其他地方安家或从一个地方搬迁到另一个地方。哲学家欧拓·弗里德里希·博尔诺夫（1903—1991）说道，我们感觉像家的地方，是我们身份认同的一部分。这也取决于我们与那个地方的关系。这种关系不是天生的，而是和我们自己，和我们经历的风景、事物、人一起成长的。博尔诺夫将故乡的对立面称为异乡。在异乡我们感到"不像在家中"，我们不认识它，与它不熟悉。同时，异乡用新奇的、不熟悉的经验吸引着我们。罗马政治家、哲学家西塞罗（前106—前43）说："故乡是人们感到舒适的地方。"首先，当我们周围的人用热情和真心对待我们的时候，他们向我们传递了这种舒适感，信任、被保护、安全感——所有这些东西组成了故乡的感觉。因此，我们也可以在若干地方有家的感觉，或在一个起初陌生的地方找到新家。今天，灵活、机动的生活被视为理想生活。我们更快地搬家，我们长途旅行。"故乡"这个词获得了庸俗的、老旧的意味。赋予家园自身很大价值的博诺罗夫也告诫人们不要只局限于故乡。"异乡、不熟悉、捉摸不定的事物也一并属于生活，而不应将其略去"，否则家会成为呆板的监狱。

其次，在某个地方感觉受到了喜爱、欢迎和安全是一种极大的奢侈。世界上数以千计的人在流亡，在异乡过着无依无靠的生活。当一个人失去家园的时候，他才会时不时意识到，家意味着什么。

为了在另一块土地上找到和平、安全和新的故乡，那些
故乡受到贫困或战争威胁的人们付出了巨大的努力，例
如这些叙利亚人。

生命

我们究竟在火星上寻找什么？

生命是什么？活的有机体与死的物质区别在哪里？对哲学家来说，生命一直是一个神秘的、有创造性的力量。

火星上有生命吗？直至今日我们都不知道。可以肯定的似乎只是，在这个相邻的星球上我们不会遇见小绿人，充其量只会遇到一些在极端条件下也可以生存的低级生命形式，例如微生物。它们恰巧满足了被我们称之为生命的东西的最小前提，即自我维持并繁殖的能力。

在古希腊罗马时期，人们起初只将生命理解为自己活动的能力。例如古希腊自然哲学家、米利都学派的泰勒斯在观察到琥珀的磁性后，甚至认为琥珀也是有生命的。亚里士多德的出发点是对生命体的等级式划分：从"植物性的"生命形式，例如植物，经过"感知性的"生命形式，即能够用感官感知的生命形式，直至人类。人类是唯一具有理性的生命体。亚里士多德认为，灵魂使身体成为一个生命体。直至中世纪，这种观点一直居于统治地位。法国哲学家勒内·笛卡尔将生命与灵魂分开。在他的模型中，身体和精神通过大脑中的松果体共同作用；此时"生命精灵"（精细的血液微粒）扮演着一个中介的角色，通过它们非物质的灵魂驱动身体的神经和肌肉。科学上这一理论早已被驳倒。现代自然科学根据纯生物学的标准，例如新陈代谢、繁殖和生长，区分生命体和无生命的物质。

仍然是哲学家，他们在生命中还看到了一种创造性的基本原则。法国"生命哲学家"亨利·柏格森（1859—1941）创造了"生命冲动"这一概念，他将此理解为一种内在于所有生命进程的力量，该力量在造型和区分上显示自己。

一个孩子的出生向我们展现出生命的奇迹。这个宝贝还很小、很无助，但他会慢慢长大，直到有一天能够独立生活。

20 世纪，哲学人类学（研究人类本质的学科）尝试进一步确定生命现象。根据赫尔穆特·普莱斯纳（1892—1985）的观点，生物首先受它们身体的"界限"决定。通过这个界限，生物与环境产生一种关联，然而无生命物质并不与环境有这样的关联。马克斯·舍勒（1874—1928）认为，生物和无生命物质之间的本质性区别在于"心灵原则"。根据舍勒的生物以它们的"为己性和内在性"为特征，而无生命对象只是外部观察者的对象："就心灵的界限而言，它和生命的界限完全重合。"虽然现代科学为了解释生命不再需要灵魂，但直至今日我们有这样的直觉，即活的有机体是某种特殊的东西，它和世界有某种关联，而不仅是一团麻木迟钝的物质。也许正因如此，我们没有放弃寻找火星上或宇宙其他地方的生命。正是生命让我们自己和微生物联系在一起。

人的存在

我们是我们所为吗？

我们的此在是荒谬的、无意义的和徒劳的。然而，正是在其中有着我们的自由。这一点对很多人来说是"存在主义"的核心信息。存在主义首先是与法国哲学家让－保罗·萨特这个名字联系在一起的思想流派。

按照存在主义的理解，我们在生活中一直与把自己推入深渊的恐惧做斗争，这意味着，做出决定、承担责任。在此很少有降落伞作为安全保障。

存在主义在二十世纪四五十年代触碰到了整整一代人的神经，这一代人想要从社会束缚中挣脱出来，去决定他们自己的命运。对存在主义来说，人们的此在没有预先确定的意义。人被抛入他的此在之中。因此，我们要从中做什么取决于我们自己。位于存在主义理念核心的是具体的个体，该个体对他的行为完全负责。不存在形而上学的本己，也没有"本质"。我们是我们所做决定的结果。存在主义者强调个人亲历的真理。我们无法提前知晓什么对我们来说是正确。我们只有通过做决定的方式发现正确的东西，亦即把它做成对我们来说正确的决定。

让－保罗·萨特反对一切形式的决定论，他认为一个人在成为什么样的人方面是完全自由的，取决于自己的选择，是我们自己让自己成为现在的样子。因此"不存在抱歉"。虽然我们所有人总处于一个我们永远无法完全掌控的"情境"。既定的事件和框架条件先在于我们。萨特称此为"事实性"。但是我们也具有跨越，也就是说"超越"这种事实性的能力。在各种情境之中我们可以做最好的。当我们不行动，当我们只是被动地接受此在的事实性或准许他人支配我们时，那我们就是非本真的，或如萨特所说的"不真诚的"。存在主义要求放弃这种不真诚，要求摘下所有的面具。然而，自由是和恐惧联系在一起的。因为超越自己的此在总是意味着对自己提出质疑。萨特用站在深渊边缘的人做例子来解释这一点："就像站在深渊边缘的人欲跳而止，

> 《自我意识和自我认识》，1948 年
>
> 存在者是他所不是，并不
> 是他所是。
>
> ——让－保罗·萨特

欲罢不能，让人难以忍受。因此，人不像传统哲学家认为的那样向往自由，而是千方百计逃避自由。"

时至今日，我们可以从存在主义中学到，虽然我们的行为受到所有可能情况的影响，并且我们只能有限地把控这些情况，但我们可以并且必须将我们的生活掌握在自己手中。当然，存在主义思想会促使这样的想法产生，即不存在有约束性的伦理－道德标准。本真性并非伦理理想。一个"本真的"人可以是一切：从一个无害的哲学家到重刑犯或恐怖分子。对自己的生活采取一个存在主义的态度，绝不意味着人们也过着一个好日子。

异化

我还是我吗？

当我们不能本真地存在的时候，我们就觉得自己被异化了。当我们必须要做某事，又无法在此事上自我认同时，当我们生活在不是由我们自己选择的关系中时，我们就觉得自己被异化了。我们说异化的劳动，也说生活伴侣的异化，家庭或某个特定环境的异化。

首先，异化这个概念追溯到卡尔·马克思的资本主义批判。这位哲学家和经济学家将劳动理解为对象化的过程，在这个过程中人被理解为自己劳动的产品。人通过同样的方式制造世界和自身，以此来自我实现。然而在资本主义关系下，对自己劳动占有的过程被破坏了。也就是说，劳动者无法用他的产品进行自我认同，因为它不属于他，而是作为"剩余价值"被资本家剥夺了。"劳动生产出的对象作为一个陌生的对象、作为一个独立于生产者的力量与它（劳动）相对立。"与此同时，生产工具也掌握在资本家的手中，而劳动者只拥有其被迫出卖的自身的劳动力。据此，劳动者不仅异化于他的劳动产品，而且异化于劳动本身。对于马克思而言，解决的方案在于克服资本主义体系。如果劳动者自己接手掌控生产工具，那么异化劳动也就会消失。

然而，今天的思想家以比马克思更宽泛的方式理解异化概念。柏林的哲学家哈赫尔·杰西（1967）将异化定义为一种"人类对自身、世界以及对他人的赤字关系"。这种赤字可能有很多后果：从漠不关心的感觉到麻木直至完

今天，虽然很多人通过智能手机时刻都与他人处于联系之中，但是他们也会彼此异化，以致他们最后无话可谈。

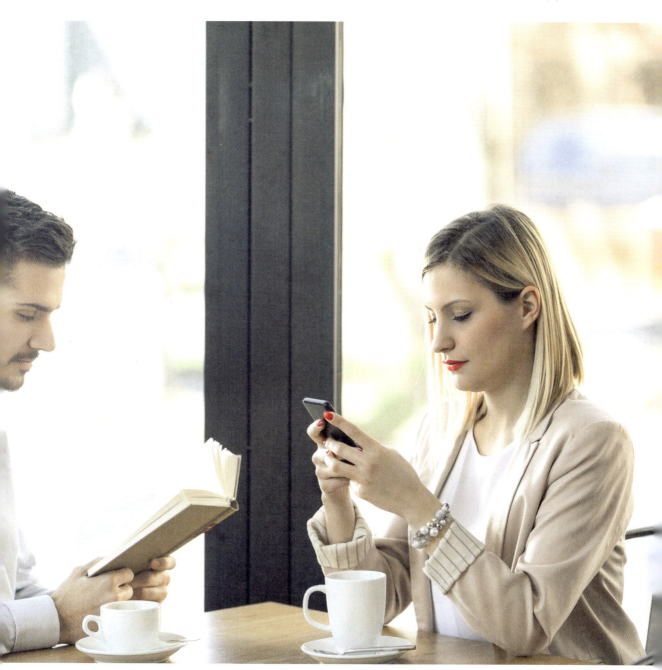

> 劳动者将他的生活置于对象中，但是现在生活并不属于他，而是属于对象。

> ——卡尔·马克思

全丧失感觉。有时，异化也被理解为不自主。我们并不总能够掌控我们的行为。例如一个并不是我们选择的新项目可能突然向我们袭来。现在，我们不再拥有某些特定的行为选择。但这并不意味着，我们一定将这种新的情况感知为"异化"。当我们与世界及自身的关系受到损害，当我们不再能够"支配"自己的生活时，我们就是异化的。"异化阻碍着自由生活。"杰西写道。因此，只有当我们过着自己想要的生活时，我们才是自由的。这比自我决定所要求的更多，即它要求一种关涉"某物"的能力。它关涉着那些使我们成为自身的筹划，在这些筹划里，我们实现着自身在世界上的价值。

流水线使人异化，因为我们不再能够凭借自己的劳动产品进行自我认同。马克思认为，解决方法在于克服资本主义体系。

对话

你是谁？

在哲学中，对话传统悠久。它被视为认知的媒介。在对话中，我们的精神和我们自身得以发展。

对话（德文 Dialog，源于希腊语的 dialogos）不仅仅是话语交换。与他人进行对话需要相互的兴趣、理解和尊重。这并不意味着谈话双方必须具有相同的观点。然而，对别人的观点，我们至少要有去认同的准备。在希腊哲学中，人们将对话理解为以陈述和辩驳形式发展的哲学思想。尤其著名的是柏拉图的对话录。在对话录中苏格拉底和他的对话者探讨着哲学问题。这个对话的艺术性在于，通过机智的问题让他人自己走向知识。这种方法，即"苏格拉底法"直至今日仍被大家熟知。

对宗教哲学家马丁·布伯（1878—1965）来说，对话在人际关系及人与上帝的关系中扮演着一个中心角色。布伯的"对话原则"以"我"和"你"这一关系为出发点。只有在这样的对话关系中我们才能发展自身；语言在其中具有决定性的作用："在和你交谈中，我成为我。"布伯认为，人类的精神在与他人的关系中才显现出来："精神并不在我之中，而是在我和你之间。"在此意义上，我们应该认真对待和他人的每次谈话，并尝试进行真正的对话。

就如教皇弗兰齐斯库斯和约旦王子加齐一样，不同宗教和信仰的代表竭力争取着充满尊重的、批判性的意见交流。

交流

我们为什么必须交流?

为了一直可以被联系到并与他人保持联系,几乎每个人都有一部手机。现在交流的密切度是新的,但交流原则不是。无论是石窟绘画还是"WhatsApp"程序——人们愿意且必须交流。究竟为什么交流对我们来说如此重要?

所有的人类共同体都建立在交流之上。卡尔·雅斯贝尔斯(1883—1969)也将交流称为"人类存在的普遍条件"。一般来说,这是指信息交换。对于要交流的信息,至少要有一个发送者和一个接收者。以前人们几乎只是面对面地交流,今天全球实时共享信息(信息被拆分成最小的电子单位)。共同的语言一直是成功交流的前提,即使不是其保证。如果一个人用"桌子"这个概念指称其他东西,别人就很难领会他所说的含义。这样人们就是各谈各的,而不是进行一场对话。然而我们不仅通过言语,而且还通过语调、姿势和表情来交流。甚至一段沉默也向对方传达着什么。传播理论学家保罗·瓦兹拉威克(1921—2007)将这种无处不在的交流表述为"人们不能不交流"。

现在我们大多通过邮件或短信交流,并总是将此作为次要的或主要的活动。这种沟通需求的原因可能在于,正如亚里士多德所认为的那样,我们是社会性存在,并在根本上对与他人的交流感兴趣。耶拿大学的社会学家哈姆特·罗莎甚至认为,对于我们个人的幸福,我们需要这种与他人产生关联且得到他人反馈的感觉。被理解对自身的幸福来说是不可或缺的。也就是说,交流的人并不只是在说话,他也在期待着什么。

交流者基本上关心的是与接收者分享信息内容。这可能是对事态的简单描述。但交流者常有这样的要求,即说出让其他人信服的真话。尤尔根·哈贝马斯(1929)用他的"交往行为理论"强调了交往对公共意见形成的重要

沟通媒介变成了自身具有价值的事物，起初它们只是帮助交流的手段。

性。他认为，一种"无统治的话语"是理想的。在这种"无统治的话语"中，每个人都可以平权地表达，据此整个集体更加接近真理。事实上，在很多地方交流早已单向地进行着：媒体占据着交流的垄断地位，它可以对公众意见产生巨大影响。然而网络消解了这一交流的单向道。如今每个人都可以在社交网络中，例如在微信、博客中表达他的观点。通过交流性互换，创造力更旺盛，新观点和新理念更能得到发展。这些最终会给所有人带来好处。

尊严

谁赢得尊重?

人类尊严这个概念对我们的道德和权利理解来说居于核心地位。
但为什么只有人类享有尊严? 动物或植物有尊严吗?

例如在这个德里的贫民窟中, 今天还有很多人一直生活在人类尊严的水平之下。满足基本的基础需求属于我们对人类尊严设想的一部分。

　　我们将尊严理解为内在于人的价值。1948 年 12 月 10 日通过的《世界人权宣言》中写道: "所有人都是自由的, 都具有与生俱来的同样的自由和权利。"对古罗马演说家和作家西塞罗来说, 一个人的尊严(拉丁语: dignitas)一方面在于他的社会地位, 另一方面基于他的理性, 人类相对于动物的优先地位同样也基于理性。在中世纪, 人们以人类与上帝形象的相似性来论证人的尊严。而文艺复兴时期思想家皮克·德拉·米兰德拉(1463—1494)将人的尊严与上帝馈赠的自由相联系。人可以自己决定他在宇宙中的本性和地位, 并成为他自己的"雕塑家和诗人"。伊曼努尔·康德也认为, 人的尊严建立在自由基础之上。这种自由在于, 人可以给自己立法: "自律也是人的尊严和理性存在的基础。"对康德来说, 一个人的尊严是绝对价值——因此高于任何"价值"。作为"自在的目的", 人类让一切其他有理性的存在(以及人类自己)肃然起敬。这导向了著名的"绝对命令"。这一"绝对命令"也作为"客观公式"出现在《德国基本法》的开头部分: "你要这样行动, 即把你人格中的人性和其他人人格中的人性, 在任何时候都同样看作目的, 永远不能只看作手段。"在现代的讨论中, 有时候尊严概念被要求扩大到动物和植物。德国哲学家汉斯·约纳斯(1903—1993)甚至还提到与人类权力的专断相对立的"自然尊严"。

欲求

我们想要什么？为什么想要这些东西？

所有人都有愿望。但所有的愿望都必须实现吗？为什么我们想要一些东西？欲求表达着重视——至少是在表达欲求的时刻。然而，我们想要谁或什么是相当任意的。

一般来说，我们欲求的东西是我们想要获得的，因为我们相信，它会丰富我们的生活。哲学上人们将欲求理解为一个行为的驱动力，它先于意志并大多由感情引导。在此，这一冲动绝不是盲目的，而是指向特定的东西——我们欲求一个状态、一个物体以及一个人。此外，欲求是一个动态的过程，它努力地进行着自我扬弃。欲求产生于一种缺失的感觉，当这种缺失被消除时，欲求也就因此消失。就在我们刚刚获得一个昂贵的手提包时，我们是心满意足的（至少在理论上是这样的）。

伊曼努尔·康德区分了"低等欲求能力"和"高等欲求能力"。"低等欲求能力"指追求一个任意的、物质性的目标，"高等欲求能力"指由理性引导的意志。根据康德的观点，只有高等的、纯粹受理性控制的欲求能力才能起到道德准绳的作用。相反个体的主观欲求是任意的、不受控制的。其关键在于，不是直接屈从于欲求，而是通过理性控制它。

美国哲学家亨利·法兰克福（1929）同样追随这一要求，他借助自己的愿望等级方案阐明了这一要求：他区分了我

狗也有愿望。然而和人类不同的是，狗不具有反思他们愿望的能力，即决定它们是否应该听从这些愿望的能力。

们暂时性的追求（一阶愿望）和一个更高的目标（二阶愿望）。关键是，我们是否能够认同我们的愿望。只有人类拥有反思自己愿望的能力，即思考他们所企盼的是不是他们真正想要的。法兰克福认为，只被一阶愿望推动的人根本不算作人。即使新款手提包或当下流行的苹果手机是那样有吸引力：我们难道不应该更经常地尝试着抵抗那些自发的愿望，并让我们的注意力更集中于生命中真正重要的东西吗？

爱情

合二为一时会发生什么？

爱情是一种强大的感觉。它可以使我们高兴或悲伤，让我们处于迷醉的状态，但也会把我们推入绝望。然而对大多数人来说，爱情并非仅仅是一种偶尔会夺去我们理智的情感。事实上是什么诱发了爱情？

爱情与热恋不同。爱情不仅是极度兴奋，不仅是欲求，不仅是性。我们大多数人将真爱理解为与所爱的人分享或愿意分享我们的生活。我和她／他一同度过时光、追求共同的事业和目标，和她／他分享喜悦和痛苦。在爱情中我们作为人类超越着自己，我们不再只想到自己。因此，一些哲学家不把爱情理解为感觉，而更多地将其理解为对他人幸福的特殊关切。爱情哲学可被划分为三种模式。第一种模式将爱情视为一种融合的方式，作为一种合一。在柏拉图著名的对话录《会饮篇》中讲述了一个神话，根据这个神话，人类最初是球状存在物，它由两个男性半体，或者一个男性半体和一个女性半体组成。当这些球状的人想要攻击诸神时，宙斯将他们劈成两半。从此以后，为了重建他的原初统一，人类便在爱情中寻找另一半。直至今日，一些哲学家将爱情看作两个人结合的一种方式，更确切地说这种结合不仅存在于身体层面。相爱的人互相增补，他们发展出一种"我们"视角，一种共同的看世界的角度。

然而，这种融合模式与我们现代的自我决定的设想处于一种冲突之中。在爱情关系中，我们也不愿就这样放弃我们的自我、愿望以及计划。因此，根据第二种模式，爱情不仅仅是融合，爱情更多的是"为了对方"，也就是说重视另外一个人的一种独特方式。亚里士多德已经将友情和爱情确定为互相友爱的践行。谁爱着一个人，就会因对方之故希望对方好，而不是因为他

101 个重要的哲学问题

系在桥上的连心锁给永恒的爱打了上了封印，但只有相爱的人有着共同的价值和目标时，爱情关系才能长久。

对自己有用或会给自己带来乐趣。美国哲学家亨利·法兰克福（1929）将爱情理解为一种无条件的、无私的、为了他人幸福的"操心"方式："爱是对所爱之人的生存和幸福的无利害关系的操心。"真正爱他人的人会将自己献身他人并为他人的幸福投入辛苦和时间。爱情不被故意地掌控，这是爱情的特征。我们不能理智地决定，我们是否或多大程度上爱一个人。同时，爱情使我们欲求特定的事物。法兰克福说："爱情创造理由。"然而，这种模式忽视了爱情关系中的相互性。爱他人的人同样也想被他人爱。爱恰恰不仅是"为了对方"，而同样也是一种"和对方一起"。

因此，第三种模式将爱情视为对话的一种方式。人们为他人打开内心，两个人一起感觉并思考，并追求着共同的价值和目标。法国哲学家阿兰·巴迪欧（1937）将其称为"两个人的舞台"。虽然爱情始于浪漫的邂逅、相爱之人的结合，然而，爱只有在时间的持续中才能实现自己。我们去学习，"两个人在一起，而不是一个人"意味着什么。巴迪欧说，"成为两个人"的过程无法事先计算。因而，我们今天的安全思想威胁着爱情。全保险的爱情是不存在的，风险和冒险总是爱情的一部分。

可以肯定的是，真爱包含所有三种模式中的因素。在浪漫的开始阶段，我们经常将爱情体验成结合，首先在性上。其次，"操心""为了对方"也属于爱。并且当相爱的人追求共同的价值和目标时，爱情关系方能长久。真爱一定不仅仅是热恋。然而，我们绝不应该对热恋有丝毫轻视的感觉。20 年的伴侣关系之后，人们虽然不再如第一天那样怦然心动，但一个完全缺少热恋时刻的爱情关系也会随时熄灭。

性

献出自已的身体意味着什么？

性意味着什么？它为什么对我们如此重要？很长时间以来，哲学家回避这个问题。直到 19 世纪，性仍然被视为非自然的肉体享乐，好像不具有任何哲学思考的价值。在 20 世纪人们才重新发现性——作为人们交流的一种特殊方式。

身体在性爱时相交谈。这不仅仅关系到欲求，也关系到一种交流的方式。

对于性这一话题柏拉图给予的关注很少。这位希腊哲学家将身体的冲动看成理智的迷乱。教父哲学家奥古斯丁也将性判定为"肉体享乐"，认为它使人们偏离对上帝的信仰，尽管奥古斯丁在其青年时期生活放荡，或许正是因为他曾生活放荡才有这样的认识。康德认为——正如他所处时代的普遍观点一样——婚内性交才是道德上所允许的。其他形式的性都把性爱双方降低为达成目的的纯粹手段。他甚至将手淫视为一种"有人格的人沦落为牲畜的方式"。20 世纪下半叶的"性革命"才使哲学家能更轻松地探讨性这一话题。例如让 - 保罗·萨特将性理解为"道成肉身"的方式。在性中，我们体现我们自己，并且能同化"对方的肉体"。他使用宗教上的隐喻法将性称为一种"肉欲的交流"。而美国哲学家罗伯特·所罗门认为性是一种"身体语言"、一种交流方式。这种交流方式可以表达如信任、羞愧或认可等这样的情感或态度。现今的哲学家大多不再将性置于道德视角下探究。性行为不再指涉道德上的对或错，因为它只是一个行为。然而，我们可以通过性伤害、侮辱或操纵他人。就这一点而言，康德还是很有道理的：如果我们将他人只视为"性对象"，那我们就蔑视了他的人类尊严。

性别

男人和女人的界定是什么？

什么区分着男人和女人？性别差异是建立在生物学基础上的还是社会建构基础上的？对性别关系的思考始终是社会关系的一面镜子。

古希腊罗马时期的哲学家就已经思考过性别之间的差异。然而，如今人们只从他们看待世界的背景出发去理解这些哲学家的观点。他们以宇宙的理性秩序为出发点，在这个秩序中每个存在者必须实现其目的。在此，高等的统治低等的。当一个政治秩序符合这个自然秩序时，也就是说每个存在物在其中都拥有其天然的位置时，那么这一政治秩序就是好的。柏拉图根据这个原则设计了他的理想国。然而，性别之间的差异对柏拉图来说是无足轻重的；在他的模型中女人被允许进入所有等级。相反，亚里士多德区分了政治领域和经济领域。女人不允许进入政治领域，而在家庭领域有其位置。与平等的城邦不同，家庭中充斥着严格的等级秩序，亚里士多德认为这个等级秩序反映了自然秩序。女人臣服于男人——对亚里士多德来说是女人缺少实践理性的结果——同时也给出了把女人排除在由自由和平等的人所组成的共同体之外的理由。亚里士多德由此创造了父权秩序，其核心思想跨越了几百年。康德也认为女人因其经济不独立而不具备拥有完整的市民身份的前提。

英国和美国的女权主义者早在 20 世纪初就为争取妇女的选举权而游行示威。尽管有着广泛的法律上的平等，但在我们的社会中，女性仍总是从属于特定的性别规范和角色。

在近代，哲学家逐渐从古代的以自然差异为基础的社会秩序观念中解脱出来。与此同时，启蒙运动（其强调自由和平等）对解放的要求与旧有的父权模式产生矛盾。因此，18、19 世纪的哲学家尝试将性别差异归结于所谓的本质差异，从而使男女法律上的不平等重新合法化。例如让 - 雅克·卢梭将男人视为强壮的、主动的性别，而女人是虚弱的、被动的性别，这样最终的结果是取悦男人。

最终西蒙娜·德·波伏娃（1908—1986）用她的开山之作《第二性》完成了对从生物差异推导社会角色这一漫长传统的决裂。在这本书中，她提出了一个至今对性别争论有决定性影响的、根本性的论点："人们并非生来是女人，而是变成了女人。"也就是说，性别差异不是基于自然差异，而是基于社会规范。在此，德·波伏娃是以存在主义为出发点的。人不是困在他的本质里，他更多的是在超越，即不断地超越他自己。虽然原则上男人和女人是相同的，然而只有男人会实现他的超越性，而女人则被减缩到"固有的本质"上。为了论证她的观点，德·波伏娃重建了父权社会的历史：男人的统治建立在性别对再生产的不同贡献上。早在史前时代，男性通过使用工具超越了其动物性生活，并以此设定了自己的主体地位，该主体的指向是实现目的。德·波伏娃认为，男人通过实现作为主体的自己，同时，将女人设定为他者——由此作为客体。女人仅仅通过劳动可以实现作为主体的自己，并且只有劳动才使女人的经济独立成为可能。根据德·波伏娃的观点，女性的解放不仅仅要求一场彻底的社会变革。

德·波伏娃用她的论点建立了现代性别理论，这一性别理论区分了生物性别和社会性别。具有广泛影响的美国女哲学家朱迪斯·巴特勒 (1956) 继续极端化了德·波伏娃的论点。巴特勒认为，社会性别并不跟从生物性别。这就是说，一个"女人"可以有一个男人的身体或反之。总的来说，巴特勒不接受将性别作为自然范畴。在她看来，性别区分是和强制联系在一起的实践结果，该实践基于性别规范。性别认同是"演示性的"，它被一个行动建构，这一行动又被看成性别认同的结果：按照相应的规范行为，女人才成为女人，男人才成为男人。但是，这也打开了一个"演示性地"打破男女二元对立的游戏空间。巴勒特借助她的理论成了"酷儿"运动的策划者，而"酷儿"运动力求消解僵化的性别界限。

身体

我们与世界是如何联系起来的?

什么是身体? 它与世界处于怎样的关系之中? 很久以来哲学家忽视了所有肉体性的东西。今天,他们将人看作身体和精神的统一体。

    人是身体性的存在物,当我们感到疼痛时,我们才意识到这一点。然而,很久以来哲学家们的看法却不是这样的,对他们而言,总是精神、思想占优先地位。敌视肉体的传统要追溯到古希腊时代。柏拉图甚至认为身体是"灵魂的牢笼"。他认为,身体自己无法得到洞见,毕竟人们不是使用眼睛或耳朵来思考。我们身体的冲动和欲望只会分散精神对认识的注意力:"也正因如此,哲学家的灵魂轻视肉体,逃离肉体,寻找着自己的独立存在。"相反,亚里士多德将人看作身体和精神的统一体。然而,身体对他而言只是"潜在的存在者",即潜在的能够生存的有机体,只有灵魂使它成为一个生物。

    法国哲学家勒内·笛卡尔影响了近代对身体的看法。古希腊罗马时期的思想家认为,灵魂是所有生命的基础,而笛卡尔——秉承现代自然科学的精神——将身体看作没有灵魂的机器,它和其他任何一台机器一样服从于自然法则。因此,死亡的发生从来不是因为"灵魂的缺失",而是因为身体的重要部分不再运转。亚里士多德身体和精神的统一体就此被拦腰截断。对笛卡尔而言,人是一个心灵实体,这个心灵实体乃是"思想",也就是说人没有身体也能存在。因此,非物质的精神和身体是根本不同的实体。然而,笛卡尔的"二元论"抛出了这样一个问题,即如果身体和精神完全不同,那么它们究竟是如何协作的。这就是哲学上争论至今的著名的心身问题。例如如何从物质的大脑状态产生意识就属于心身问题。很长时间以来,哲学家追随笛

我完完全全是肉体，此外
什么也不是，灵魂只不过是肉
体上一个什么东西的名称。

——弗里德里希·尼采

今天很多人都在寻找一种新
的身体意识，例如在运动或
练瑜伽时。当我们进行锻炼
时，我们将身体感受为我们
存在的中心。

卡尔传统，将人看作精神性的存在物，它用思考和认识的方式与世界发生关联。肉体只扮演一个从属性的角色。然而，早在斯宾诺莎时，他（1632—1677）就提出反对笛卡尔二元论的理由。斯宾诺莎认为，身体和精神只是同一现实的两个方面。因此，精神并不如笛卡尔所想的那样统治着身体，相反，精神和身体的过程是平行进行的。再次赋予身体以更重要角色的有德国哲学家约翰·戈特利布·费希特。他认为身体是一个人身份认同的标志，同时是其自我的表达："当我注视我的时候，我是我的身体。当我思考我的时候，我是精神。但是没有其中一个我无法成为另一个，因此我将两者都归属于我，两者仅仅出于不同的视角而被区分。"

在亚瑟·叔本华（1788—1860）那里，身体虽然扮演着消极的角色，但起着核心的作用。他认为，在肉体中表现出来一种"生命意志"，它是一个盲目的、毁灭性的、不可控制的生存欲求。就如在性欲中所表达的意志那样，理智对克服这一意志无能为力。叔本华认为只有死亡才是对生命意志的"可怕刑罚"，它向生命意志展示着它的界限。根据叔本华的观点，肉体必须通过意志的否定被克服。

弗里德里希·尼采也强调肉体，然而他将肉体视为积极的东西、生命力的表达，而生命力在他看来比精神更基本。尼采在《查拉图斯特拉如是说》中这样写道："我完完全全是肉体，此外什么也不是，灵魂只不过是肉体上一个什么东西的名称。"只有通过肉体，也就是通过我们的感性，我们的意识才与世界联系在一起。理性只是我们肉体的一个工具，而不是相反，就如处于笛卡尔传统的哲学家所想的那样。法国哲学家莫里斯·梅洛－庞蒂（1908—1961）甚至将肉体视为所有感知的出发点，并借此作为"通往—世界—存在"的交通工具。因此，精神（我们的自我）并非我们生存的真正中心，让我们和世界联系在一起的肉体才是。在很多日常情况中，这对我们来说是如此不言而喻，以致我们几乎不会对此进行思考。例如当我们做运动或在花园里劳作时，我们不会设想我们的精神处于中心地位。相反地：我们似乎只有在排除有意识的思考时才能做这些事。

友谊

什么将我们与他人联系起来？

没有朋友的生活是怎样的？朋友让我们的生活更充实、更有意义、更幸福。要说出友谊意味着什么却绝不简单。好朋友的要素是什么？什么可以使友谊持续，什么不可以？

孩子们就有最好的朋友，他们最愿意与朋友们度过他们的整个空闲时间。真正的友谊是和责任联系在一起的，当朋友需要我们的时候，我们为朋友而在。

友谊产生于两人互相喜欢。好感是友谊的前提，此外两人要有共同的兴趣和价值观。感受到的亲近感越强，关系就越亲密。这种关系随后不再与爱有明显的区分。友谊与爱这两个概念互相交织，有时相互转化或者甚至互相决定。正如在爱中一样，既不存在强迫的友谊也没有收买来的友谊。友谊总是自愿的，且建立在相互性基础之上。人们很难与不和自己交朋友的人交朋友。古希腊哲学家亚里士多德在《尼各马可伦理学》中区分了三种不同的友谊。第一种形式的友谊以获得实际收益为目的，这种收益是友谊的联结所允诺的。第二种形式的友谊以获得身体上的乐趣为目的。然而，这两种形式都不是十分亲密，因为它们产生于一种临时的需求，这种需求来得快，去得也快。如果友谊的原因消失了，友谊也就消失了。亚里士多德称第三种形式的友谊为"美德友谊或者品格友谊"。它是最有价值、最稳固的友谊形式，因为它不以目的为导向，而是为朋友而朋友。亚里士多德认为，这样的友谊是极少的，它本身就是好的，因为这样的友谊只有在有德行的人之间才会达成。善潜藏在完美的友谊中。

今天我们不会再将前两种形式称为友谊。如果自以为的友谊被证实为以纯粹的获得实际收益为目的，那么人们会感到失望。我们不会对第三种形式的"真正的"友谊提出像亚里士多德那样高的要求。我们有最好的朋友、好朋友和不太好的朋友，并从他们那里期待着不同的事物。因为我们总是通过

友谊做出特定的社会承诺。友谊越深，我们就更愿意为他人做些什么，同时也相信对方也会为我们做对等的事情。

法国哲学家伏尔泰（1694—1778）写道："友谊的第一条规则是，必须要守护友谊；第二条是当第一条被损害的时候，要宽容。"然而，如果一个人只想从默认的友谊条约中获取好处，但毫无回报，那么这个人就是一个差劲的朋友，并在某个时候不再得到宽容。没有相互的信任和投入，友谊是无法继续下去的。人们可以和某人度过一个有趣的夜晚，但在真正的严肃时刻，人们绝不会给他打电话。那么这人是真正的朋友吗？或者说更像一个关系不密切的熟人？大多数情况下，我们对这样的问题根本不需要思考很长时间。也就是说，友谊和爱一样也是一种感觉。

同情

我们对谁表示同情?

被分担的痛苦是一半的痛苦。为他人高兴的人自己也会感到幸福。与他人一起承受痛苦的人可以给予安慰。和别人一起感受是一种美德,这种美德将人们联系起来。

在日常生活中,我们让许多可以表达同情的机会溜走了。

> **"** 《论道德的基础》,1840 年
>
> 对一切生物的无限同情是对有道德的良好行为的最坚实、最稳定的保证。
>
> ——叔本华

旁观别人的痛苦是令人难以忍受的。我们身边人的痛苦尤其触动我们。此外,电影、书籍或图片可以激起我们内心的同情。能做到感同身受、推己及人被视为良好的品质。当他人的不幸无法触动一个人时,我们会说这个人铁石心肠、不乐于助人,因而在某种程度上是不道德的。亚瑟·叔本华将同情作为其伦理学的支柱。为什么人们要表现出合作和社会性,而不是互相消灭?按照叔本华的观点,这并不是由于理性的要求(如康德所认为的那样),而是因为我们在对方身上看到了我们自己。叔本华所说的同情,今天我们可能称之为移情,同时,我们今天并不总是把同情看作受欢迎的关心他人的形式。叔本华认为,同情他人是道德的基础,因为它"消除了我和你之间的壁垒"。只有这样我们才能够克服我们的自私并舍己为人。在此,叔本华要求的无限的同情不仅针对所有人类,也针对所有生物。因此,他也属于那些少数的在其伦理学理论中将动物也囊括在内的哲学家。

对每个人和动物都展现出一样的同情,这是对人的过分要求,叔本华的伦理学也因此一再受到批判。情感是十分主观的,并不能被随意扩展或控制。相比陌生人,我们对身边的人更能感同身受;可爱的小猫比肥猪更容易博得同情。难道我们不应该给予那些容易让我们共情的生物更多的同情吗?

认可

为何我们需要获得他人的认可？

每个人都时不时地需要获得他人的认可——无论这是一句友好的话还是一句赞扬的话。从哲学上来看，我们需要通过他人来认识我们自己。

　　黑格尔认为，自我意识的培养必须通过另一个自我意识的承认。黑格尔在他的《精神现象学》中介绍了这一思想。自我意识是辩证的，它由两个相互对立的元素组成：主人和奴隶。在此主人是"自为的"，他是自足的，并愿意不惜一切代价维持这个状态。相反，奴隶追求感性世界的对象（主人无法接触到这些对象，因为他没有必要进行体力劳动），并生活在死亡恐惧中。简单地说，主人代表着绝对的，奴隶代表部分的、依附性的个体。两者相互依存，因为没有对方，他们就会缺少一些东西。黑格尔将主奴关系描述为过程，有些地方甚至是斗争，其中自我意识在双方的相互承认中形成。

　　把听起来还是很抽象的关于自我意识形成的那些东西转移到人际关系层面，就会变得更加直观。就如约翰·戈特利布·费希特所阐述的那样，为了进入一个社会的交互关系，个人必须放弃其对绝对的要求。只有承认他人是具有平等价值的、独立个体的人才会愿意有道德地行动。因此，相互承认（也许今天我们更愿意将其描述为对他人完整性的尊重）是社会的基础，在这个基础之上权利、法律和准则得以产生。在我们自己和他人之间存在交互游戏：我们会承认我们对面的人并充满敬意地对待他，因为我们通过他认识我们自己，同时他也会将我们看作一个（有人格的）人。没有他人，没有对手，我们自己的一部分也是隐而不见的。

宽容

我们必须要忍受什么？

邻居又在庆祝。从他的房子里传出吵闹的音乐。这是凌晨两点，我们感到很烦。我们应该提意见，直接叫警察，还是继续忍受这样的噪声？

　　我们通常将宽容（拉丁语 tolerare，忍耐、容忍）理解为一种忍耐的态度，一种对他人无意冒犯自己的许可。人们可以宽容其他的想法、其他的生活形式或其他的宗教信仰、政治态度等。宽容的程度既可以是暂时地被动忍受（例如邻居派对的噪声），也可以是主动地认同（例如宗教的少数派）。今天，无论在私人领域还是在政治领域，我们将宽容与思想启蒙及自由意志联系在一起。宽容的理念源于与一神论宗教的争论。一神论宗教要求绝对权力，不接受其他宗教。信仰不同的人甚至同一宗教不同教派的人在过去（和现在）都在遭受残酷的迫害。例如，1572 年在巴黎的巴托罗缪之夜，大约有 3 000 名新教徒被天主教徒杀害。1598 年，法国的天主教国王颁布的南特敕令才保证了对胡格诺教徒的宽容，但同时天主教继续为国教。同一时期，自由主义哲学家发展了宽容思想的重要理论基础。英国哲学家约翰·洛克在他的《论宗教宽容》中要求，国家应该普遍地从宗教问题中抽身出来，这意味着，国家总是对某些信仰宽容。

　　约翰·穆勒（1806—1873）最终将宽容思想置于其自由理论的中心地位。穆勒认为，国家对个人或者团体实施强制是合法的，当且仅当为了制止伤害必须这么做。作为"功利主义者"，穆勒用对社会的功用来说明要求宽容的理由。根据穆勒的学说，人也必须容忍错误的观点，因为人永远不能确信这个观点是否正确。即使是错误的观点也可能是有用的，例如它们对找寻真理

不宽容会让一个社会瓦解。然而，今天在很多欧洲国家，民族主义团体却很有市场，它们想打压一切陌生的东西（米兰，2012）。

> 宽容总是并且在任何地方都是内在的自我解放问题。
>
> ——约翰·哥特弗雷德·赫尔德

或者激发重要讨论有促进作用。不宽容地对待其他观点会损害一个社会自身。穆勒认为，成功的共同生活需要宽容，也就是说，宽容让我们具有"开放的、无畏的品格"。

　　我们甚至应该宽容一个宗教激进主义者，只要他不煽动暴力。当然，区分可宽容的和不可宽容的常常是不容易的。其中的一个困难是，宽容总是具有一个拒绝的成分和一个同意的成分。宽容并不意味着漠不关心。我们只能"宽容"我们本会拒绝的事物。就这一点而言，真正的宽容是困难的，因为它正是关涉着"忍耐"某事物。如果我们"宽容"邻居的噪声，那么我们虽然不认同他的行为，但我们至少暂时忍受了这个行为。更多的忍受估计连制造噪声的邻居自己都不会奢望。另一方面，例如当邻居只在"忍耐"的意义上"宽容"一对同性夫妻，那么这对同性夫妻就仍是作为病态被看待的。人们不会去奢望邻居会放弃他们厌恶的同性恋行为。宽容的概念必须被精确界定。法兰克福学派的哲学家赖内·福斯特（1964）区分了四种宽容构想。"许可宽容"意指，多数派允许少数派按照自己的想法生活；"共存—构想"是两个势均力敌的群体达成一致，继续互不干扰地生活；"尊重—构想"基于承认他人的价值和生活方式；"珍视—宽容"，即将他人的生活方式视为道德上宝贵的，比方说它丰富了社会的多样性。

　　当然，宽容并不总是意味着珍视。人们可以有很好的理由拒绝佩戴穆斯林女性的蒙面头巾，但同时对此表示尊重。人们可能觉得邻居的噪声很烦人，但也会忍受，至少暂时如此。与此同时，我们应该对所有的宽容问题进行一贯性地检验，也就是问自己，我们是不是也做过那些我们认为无法忍受的行为。如果一个人自己经常吵闹，那么仍抱怨制造噪声的邻居是绝对不行的。

信任

我们可以信赖什么？

人们需要信任。没有信任就没有爱情，没有友情，没有合作。我们根本就不能生存。但是信任是理性的吗？安全难道不是更值得追求吗？

信任的经典定义源于英国政治理论家托马斯·霍布斯（1588—1679）："信任是由于相信某人而产生的一种感觉，并从这种感觉中期待着美好的东西，并且信任与怀疑水火不相容，以至于通往信任的道路只有信任。"

在他的代表作品《利维坦》中，霍布斯认为人们从遵从自然律的指令出发，应寻求和放弃他们的权利和自由，制定社会契约，从而与他人建立契约关系并臣服于一种国家权威才是符合自身利益的。

霍布斯认为，信任产生于契约双方害怕在违约情况时受到惩罚。今天的一些哲学家，例如美国哲学家托马斯·斯坎伦（1940）也借助契约模型来解释信任。另一种观点认为，信任基于"理性期待"。据此，只有当人们能够预计到，不让信任落空关涉到每个人的利益时，人们才会互相信任。这至少能够解释，我们为何也经常信任完全陌生的人。

然而，信任和理性处于一种张力关系中。虽然很多哲学家认为，信任是基于理性的，但信任总意味着冒险。美国道德哲学家安奈特·拜尔（1929—2012）提出"被接受的可损伤性"。信任一个人就意味着放弃对他的监管。人总有可能被出卖。因为如果我们对他人将做什么有十足的把握，我们就不需要信任他了。

冷静

人们怎样保持酷？

酷并不是 20 世纪 80 年代后才成为一个理想。古希腊的斯多葛学派早就将冷静当成通往幸福的途径。但是过多的自我控制不会使人对体验变得麻木吗？压抑情感不也会让我们失去生活的乐趣吗？

在佛教中，冷静属于一种有助于到达涅槃的精神状态。然而这种状态只有通过数年的冥想才能达到。

　　一个人是否冷静会在有情绪性挑战的情况下表露出来。当老板向一个人发泄他的坏情绪时，这个人会感到一整天都糟糕透了，并对此十分生气，或者深呼吸、保持冷静。做出冷静的反应并不容易，这要求自我控制。古希腊斯多葛派学者将冷静看作通往成功生活的最高美德。斯多葛学派创始人——来自基蒂翁的芝诺认为，对美德以外的任何东西都漠不关心是一种值得追求的理想。这意味着完全摆脱冲动或者麻木的状态。其背后的理念是：只有在智慧和美德中，人们才能实现真正的好生活。相反，乐趣、疼痛、嫉妒、害怕、喜悦、悲伤或愤怒之类的情感会使人做出不理性的事情，并让人偏离美好生活的目标。拥有"斯多葛式冷静"的人，就如一块在波涛汹涌的洪流中岿然不动的磐石，任何东西都不能影响他。

　　今天几乎没有人认为压抑情感是值得推崇的。"漠不关心"甚至代表一种无动于衷的病态形式。对我们来说，诸如爱、同情和喜悦之类的情感很显然属于幸福生活的一部分。希望拥有更多的冷静背后，隐藏的是更好地处理负面经验的努力。从斯多葛派学者那里我们可以学到，为人们本来无法改变的事情操劳是浪费时间。因此，人们首先应该冷静地对待自己的死亡。

　　一个完全不会激动，并将冷静置于一切之上的人，不仅会错过伟大的感情和与他人建立珍贵关系的机会，而且人们有时也会错过向老板好好说出自己观点的时机。

忧郁

什么让我们悲伤？

人们必须一直幸福吗？那些被世界之痛深深攫取的人，先被认为是抑郁的，后被看作病态的。悲伤或忧郁是否也可能有它们的积极面呢？

抑郁如今被视为需要治疗的大众疾病。而忧郁也可能意味着接纳并忍受精神上的痛苦，而不只是排挤它。

忧郁者是一个心情沉重的、爱钻牛角尖的人，他没有明确理由地被持续性的伤感侵袭。在古希腊时期人们将此称为"学者疾病"，那时的医生希波克拉底将其与黑色胆汁（忧郁即黑色胆汁）的过剩联系起来。长期以来，第一本与忧郁相关的书被认为是亚里士多德所作。事实上这是他的学生特欧弗拉斯特所写。这本书的一开始就这样写道："为什么所有杰出的男人，无论是哲学家、政治家或艺术家，都是忧郁的人？"

在此意义上，数百年来，看待忧郁的方式是矛盾的。一方面人们将它与冷漠和懒散联系起来；另一方面又把它与特殊的天赋和思想的深刻联系起来。诗人让·保罗（1763—1825）创造了"世界之痛"这一概念，用来指由世界的亏缺所产生的悲伤情感。今天，人们经常把世界之痛等同于忧郁。

忧郁也是弗里德里希·尼采的主导思想之一。对他而言，真正的哲学家是彻底的孤独者，他们摆脱了所有与宗教、文化的联系。正是这种孤独让他们对忧郁没有抵抗力。

心理分析的创始人西格蒙德·弗洛伊德（1856—1939）对忧郁与悲伤进行了区分。忧郁的人无法从对已失去之人的渴求中抽身出来转向新的目标，而对悲伤的人来说在一段时间后则是可能的。这就是忧郁的人和悲伤的人的区别。弗洛伊德将忧郁描述为"深深的、令人痛苦的不愉快"，此外这种不愉快也以爱之能力的丧失和自我价值感的贬低为标志。涉及一种病症时，今

多么公平啊！最不幸和最
忧郁的动物，也是最愉悦的。

——弗里德里希·尼采

天我们不再用弗洛伊德所说的忧郁来表示，而是用抑
郁。忧郁的褒贬双义性在现代也越来越多地丧失。持
续的忧郁不再被视为特殊的敏感性以及与生俱来的特
质，而是当作可能需要治疗的疾病。

　　然而，人们也可以将忧郁理解为一种允许痛苦发
生的能力，并且在这里人们可以找到在喜悦中找不到
的东西。就这一点而言，这个古老的概念告诫我们，
不要急于对偏离规则的现象抱有贬低的态度。悲伤和
高兴，不幸和幸运，天才和疯狂之间的距离常常比人
们所认为的更近。

恐惧

我们害怕什么？

恐惧是一种不确定的情感，它可能由于不同的原因出现，并产生完全不同的效果。它可能使我们完全丧失行动力，但也会促使我们战胜自己。这取决于我们如何看待它。

恐惧和害怕是不同的。害怕针对某种具体的事物，例如床下的魔鬼或被（父母）遗弃，而恐惧意味着一种受到威胁的压迫感，这种感觉的起源人们不一定清楚。丹麦哲学家克尔凯郭尔（1813—1855）首先在他的著作《恐惧的概念》中提出了这种区别，并在该书中研究了恐惧的原因。在此，克尔凯郭尔以基督教的原罪设想为出发点。在无罪的状态中，人类的意志用于实现他的自由，但只要他还没有做这件事，人就处于恐惧之中。于是，在克尔凯郭尔那里，恐惧与自由联系了起来。人能够自由地决定，并且也必须自由地决定，这就会引起害怕做出错误决定的恐惧，因为通过这个错误的决定他可能成为有罪的人。克尔凯郭尔说："恐惧是自由的诡计。"就这一点而言恐惧是生存论的。恐惧陪伴着我们，因为我们总是面临着一个不熟悉的未来。恐惧作为人类存在的本质特征这一观点也可以在存在主义哲学家，例如让－保罗·萨特那里找到。

对未来、责任、错误决定及失败的恐惧可以使我们失去行动力——但我们也可以对此做些什么。如果我们向恐惧束手就擒，那么我们根本就无法做出决定。克尔凯郭尔认为，恐惧可以通过信仰被克服。在此，他首先意指信基督，信仰给予人们信心和希望。无论如何，人们要有勇气面对恐惧，并敢于进入不确定性的事物之中。在此，人们无论是相信上帝还是相信自己，这并不重要。但完全没有恐惧的生活也是不值得追求的。毕竟恐惧可以保护

对很多人而言，在游泳池跳板上的一跃需要克服恐惧。恐惧保护我们免于危险。然而，有时候为了继续成长，我们必须敢于跃进不确定性的事物之中。

我们免于轻率的行为，保护我们免于将自己置于危险之中。我们仅仅应当让自己不受恐惧的控制，在必要的时候还要学会克服它。因为我们的自由不只会带来欺骗，也会给我们带来做自己生命主人的机会。

恨

复仇是解决办法吗?

没有恨，世界可能会更美好。恨导致暴力、复仇欲和死亡。尽管如此，恨有时是正当、合理的吗?

恨是厌恶的最高级形式。恨某物或某人远远超出对它/她/他单纯的不喜欢。因此很少有人直接说出"我恨你"——大多数时候只有当他想不出其他的话时才会这样。

哲学家和心理学家艾瑞克·弗洛姆（1900—1980）区分了两种形式的恨：由攻击引起的恨，即"反应性的"恨；由性格决定的恨，即"敌意性的"恨。当人们看见自己的生命、一个挚爱之人的生命或者基本价值观受到威胁时，人们会发展出这种极端的情感。相反，弗洛姆将"由性格决定的"恨理解为敌意的倾向，这种倾向内在于一个人，只不过在等待一个事件对它的激发。弗洛姆认为，一个人若由性格原因产生了恨，他甚至会对此感到喜悦。

如果人们将爱理解为喜欢的最高级形式，那么人们可以将恨称为它的对立面。在此，爱与恨也是相似的。人们不仅可能"在爱的面前盲目"，也可以感受"盲目的恨"。两者均与某种程度上的理性缺失有关。对这两种情感来说，激情都是其典型特征——人们说"炽热的爱"或"燃烧的恨"。人们所恨的，总是人们所在乎的。人们认真对待它、对其劳神费力，并想要毁掉它。我们可以在有些情况下更好地理解弗洛姆所说的反应性的恨。对一个可怕行为（例如，所爱的人被杀）做出恨的反应几乎不会受到谴责。然而，恨不能作为道德指南，尤其是弗洛姆所说的由性格原因产生的恨，即根本性的敌对意愿，它会导致毁灭性的、利己主义的行为——最糟糕的情况会导致虐待。虽然爱也推动我们去做一般情况下会放弃的事，但相比于恨，爱具有很大的优点：爱趋向于肯定生命，并以他人的幸福为导向。因此，弗洛姆致力于一种"爱的艺术"，它创建着共存的社会，而不是互相敌对的社会。

死亡

死亡真的糟糕吗？

我们所有人都必然要死去。对于大多数人来说，一想到死亡就心情沉重，人们在日常生活中很少主动去想死亡。然而，死亡真是如此糟糕的事情吗？死亡究竟是不是我们必须畏惧的坏事？

不相信灵魂不死的人必然带着这样的信念来生活，即生命会在未来的某一时刻终止。死亡意味着不再存在，这听起来就是一个重大的损失。毕竟人们最大的损失也就是自己的生命。而希腊哲学家伊壁鸠鲁（前341—前270/前271）认为我们没有必要害怕死亡，因为它其实没有让我们遭受什么："最恐怖的坏事——死亡，和我们是无关的，因为只要我们还活着，死亡就不存在，当死亡降临时，我们已不再存在。死亡既不关涉到活着的人，也不关涉到死去的人。因为死亡和活着的人无关，死去的人已不再存在。"

后来，罗马诗人和哲学家卢克来修（1世纪）精细化了伊壁鸠鲁的观点。他解释道，自身的死亡对我们来说不是失去，因为随后不再有能够悲叹损失的"我"。虽然这个论点的逻辑无可辩驳，却不能令人信服。因为最终死亡在可能性方面欺骗了我们。这些可能性是说，假如我们继续存活的话，我们会实现这些可能性。美国哲学家托马斯·内格尔（1937）认为，虽然人们能够宣称，一场欺骗只有当被骗者意识到欺骗时才是一场欺骗。但欺骗就是欺骗，即使我们对此毫无察觉。正因如此，我们大多数人认为年轻人的死亡是极其令人悲伤的。尽管如此，在伊壁鸠鲁和卢克来修的观点里还是有些令人安慰的东西：即使我们不能尽善尽美地过好我们的生活，我们在死后也不能对此哀叹，因为我们已然不存在了。

和我们亲近之人的死亡总是一个重大的损失。因此，对死者的哀悼深深扎根于
地球上的所有文化中。

第3章

伦理与道德

我们应该如何举止？

◇◇

我们不是孤立地存在于这个世界上，我们处于与他人的关系中。我们有应尽的义务——对家庭和朋友、对雇主、对国家和社会。作为人，我们要对自己的行为负责。在日常生活中，我们也常常面对伦理问题，例如，在特定情况下是否可以说谎的问题。如果我们用哲学思维来思考这个问题，那么我们可以确定的是，这常常没有简单的答案。但哲学引领我们认真地探讨这些问题。哲学能够给予我们指导性的原则。

自我认识

我是谁?

我们从何知道,我们是谁?我们如何能够审视我们自己?认识自己对哲学家来说不仅仅是道德的前提,而且也是一项终身的任务。

每天照镜子不仅向我们展现了我们的外貌,有时它也揭露了一些我们的内在。然而当他人成为我们的一面镜子时,我们才能获得真实的自我认识。

　　著名的希腊语格言 gnothi seauton,意思是"认识你自己"。据说这句格言镌刻在德尔菲的阿波罗神庙上,并在古希腊哲学家的思想中占据着中心地位。很多人将这一命令句解释为阿波罗神要求人类意识到自己的死亡和不足。在《柏拉图对话录》的主人公苏格拉底那里,努力寻求自我认识是道德行为的基础。只有努力思考善的人,才能向善行动,并过上幸福、有德行的生活。对此柏拉图认为,只有诸神才拥有完善的知识。人的知识总是不完全的和不确定的。苏格拉底将"我知道我什么都不知道"视为智者最基本的洞见之一。而自我认识在他看来是一种真正需要去追寻的理想。亚里士多德也认为,为了能够有道德地行为,自我认识是不可放弃的。人们必须学习,既不要高估自己,也不要低估自己。

　　然而,人们如何确切地进行自我认识呢?自我认识的一个哲学难题已经隐藏在这个概念中:如果人们将自己理解为认识行为的发出者,那么该行为如何可以指向自身呢?毕竟眼睛无法看到自己。对此,哲学家还一再质疑,究竟是否存在一个能作为认识对象的自我。例如米歇尔·德·蒙田(1533—1592)认为,我们的人格不是一个封闭的整体,而更像一块不断改变的、打满补丁的地毯。

　　例如塞涅卡或马克·奥勒留(121—180)等斯多葛派学者建议将内在的自我审视作为自我认识的实践。今天,人们也许会将这种内在的自我审视

理解为反思或对自身的深刻探讨。这样的观点在很多文化中广为传播，例如，据说佛教中的打坐冥想就是通向"觉悟"的内省。通过思考我们自身，我们将自己从外界无关紧要的事物中解脱出来，并认识到我们自己的局限性、可能性和愿望。然而，亚里士多德却认为，我们首先通过他人才能认识我们自己，他人是我们面前的一面镜子。对此，朋友尤其合适。

"我是谁"这一基本问题的美妙之处在于，就如柏拉图所认为的那样，我们从未找到它的终极答案。自我认识是一个终身的问题、终身的观察和内省。然而，就像在哲学中经常发生的那样，问题已经让我们更进一步地接近答案。

价值

什么对我们来说是重要的?

政治家和企业老板、周日布道者一样都爱谈论"价值"。今天,几乎没有一个概念被如此地滥用。但是,究竟什么是价值呢? 它和事实的区别是什么? 价值是主观的还是客观的?

价值这个概念有双重含义:一方面,我们借此意指用货币表示的一个物品的价值;另一方面,我们将其理解为我们加在事物上的意义或重要性。虽然个人的回忆片段也许没有经济价值,但对我们来说它可能是极其宝贵的。

我们的"价值"表达出我们觉得什么是好的或坏的,什么是重要的或不重要的。价值根据个体的不同而不同,随着社会阶层、代际和文化的变化而变化。有些价值只适用于个人,相反,我们赋予像自由或者公正这样的价值以普适性。然而,即便关于这些价值的普适性也存在分歧,例如与极端伊斯兰教的论战便展现了这一点。没有什么比讨论何为正确的、何为真正的价值更具有争议性了。同时人们也可以辩论,我们是不是太过于重视价值本身。德国政治理论家卡尔·施密特(1888—1985)在他的文章《价值的僭政》中这样写道:"谈论价值的人想要使之有效并予以实行。美德被践行,规范被执行,而价值被设定、被实施。谁宣称它的有效性,就必须使其生效。谁要是说让它有效,而没有一个人使其生效,他就是想欺骗。"

在古希腊,人们的看法截然不同。古希腊哲学家甚至不区分是否有价值和是否正确。我们今天所理解的价值,他们认为是理念或目的,是自身存在的更高级形式。善良与正确重合。相反,现代价值观念的出发点是,价值不是独立于主体的客观事态。价值不是简单地存在着,而是适用着。人们无法像观察下雨这样的事实一样来观察价值的存在。人们不是看一个事物是"好"

对有些人来说，一个有价码的东西就
是有价值的。这样的价值与占有相关，
并且它们经常比道德、诚实或公正这
样的非物质价值得到更有力的保护。

友谊被很多人视为最珍贵。然而，友谊事实上对我们来说有多珍贵，展现在我们愿意为它做些什么，愿意为它做出哪些牺牲。

还是"坏"，"重要"还是"不重要"。我们认为事物有价值并没有赋予它们新的特点。毕竟我们是基于事物所拥有的特性才赋予事物价值。

由此，苏格兰哲学家大卫·休谟推导出这样的原则：人们不能从一个事实陈述推论出价值陈述。在这背后存在着这样的观点，即事实陈述可能是真的也可能是假的，而价值陈述则不会。是否下雨会被验证。但是我们不能证明，某物是"好的"或"坏的"，"重要的"或"不重要的"。但如果是这样的话，那么价值可能是纯粹主观的吗？

直至今日，哲学家对这一问题意见不一。一些哲学家认为存在一个客观的价值事实，它不依赖于我们是否相信它而存在。由此就产生这样一个问题，我们有哪些途径达到这些价值。相反，所谓的价值主观主义者认为，只有那些我们真正认为是重要的东西才是重要的。但是，我们能够依据哪些标准来判断我们的价值是否合适呢？可以肯定的只是，事物没有被贴上能向我们说明它们有多重要的"标签"。最终我们必须自己决定，我们以何种价值为导向。但是，这并不意味着，什么是重要的和不重要的仅在于我们的主观判断。

美国哲学家约翰·杜威（1859—1952）甚至认为，人们不能说出关于价值自身任何有意义的东西。但我们能够说出某物是好的或重要的理由，以及人们按此行动的后果。例如，我们能够从经验中学习到，某物不是如我们最初想象的那样好或差、那么重要或不重要。因此，我们的价值既不是主观的也不是客观的。它产生于我们的社会交往，并且当人或环境改变的时候，价值也会改变。

规范

谁制订了规范？

规范决定着我们生活的广大部分，规定着我们应该如何举止。但规范究竟以什么为基础呢？为什么我们必须要遵守它们？

交通指示牌传达着街道交通中适用的规范。如果没有这样的规范，每个人都可以按照他所认为的正确的方式驾驶——这可能使他人遭受危险。

从交通规则到性别规范：我们处处都按照他人建立或流传下来的规范行为。一方面，人们将"规范"理解为判断行为对错的标准；另一方面是对人们如何行事的要求。规范也可以是技术标准，例如DIN标准（德国工业标准）。规范的核心是规定着事物的规则。在此，人们可以区分建构性规则和范导性规则。范导性规则关涉的是如此这般已经存在的实践，例如街道交通。而在建构性规范中，实践是由规范产生的，规范确定着行为者的行为可能性。对此一个典型的例子是下棋，人们只能按照棋规下棋。如果人们按照其他规范或毫无规范下棋，那么人们就不是在下棋。在哲学中，人们将规范理解为"应然性要求"，这一要求被它的接收者或大部分人所承认。一项无人承认的规范就不再是规范。然而，规范不仅"规定性地"起作用，而且也是"描述性的"。例如性别规范，因为男性和女性常常按照性别规范行为，由此人们得出一个错误的结论，即他们天生就如规范所规定的那样。

公共福利

什么服务于所有人？

公共福利是政治的目标。但究竟是否存在对所有人都有利的好东西？如果存在的话，谁应该并怎样实现它？

如同这些向需要帮助的人发放食物的志愿者一样，很多公民投身于公益事业。为了服务共同体，他们搁置个人利益。

根据亚里士多德，人的生命是社会性存在。因此，我们不是单独地生活着，而是要生活在集体中。因此，对希腊哲学家来说，对城邦的塑造是成功生活的最重要因素之一。按照亚里士多德的观点，城邦的目标（任务）是为所有公民谋幸福。

为了促进公共福利，国家应该在何种程度上确定每个公民的界限以及他应遵守的规则，这个问题在今天也属于政治哲学的基本内容。我们作为社会成员常常处于个人利益和公众利益的冲突之中：个人开快车的自由比其他人的安全更重要吗？这样的冲突是自由主义和社群主义争论的焦点。自由主义者，例如美国哲学家约翰·罗尔斯（1921—2001）将个人自由视为最高利益，相反社群主义者，如阿拉斯戴尔·麦金太尔（1929）要求重新考虑共同体，因为诸如团结、利他和爱邻人这样的价值比一个过分强调个人主义的价值更加值得倡导。一些社群主义者更喜欢集体生活中对美好生活的一种特定设想，并且人们应该努力追求它。例如为了增强集体感，家庭应该被作为社会单元或社会传统加以促进。而在自由主义中，自己构建生活计划属于个人最基本的自由之一。也就是说，国家不能偏爱特定的生活方式。如果国家垄断着"什么是对所有国民都好的东西"的解释，那就存在着陷入极权主义和教条主义的危险。

显然，我们还是乐于对自己做某些限制，因为我们也觉得这些限制是有

益的，毕竟每个人都想安全地过马路。

另外，一个人的自由是民主的终极价值，它是我们不愿意放弃的东西。但这并不意味着我们可以不顾及他人，并时不时忽视自己的利益。就如亚里士多德所说的那样，虽然保障公民的基本权利和义务是国家的基本责任，但为了共同生活得以运行，让自己习惯于社会可接受的行为始终是个人的任务。在此，伊曼努尔·康德的绝对命令始终是我们自己行为是否合适的检验标准：我应该希望所有人以 250 公里的时速飞驰在高速公路上或者以 100 公里的时速穿过我所居住的街道吗？

责任

我们为什么必须承担责任?

在很多生活领域中，我们承担着责任。父母必须对孩子负责，老师对他们的学生负责，医生对他们的病人负责。接管一个项目的人要对项目的成功负责。但这究竟意味着什么呢? 我们总能够做到吗?

责任可能是一种我们想要逃避并乐意推卸给他人的负担。并非每个人都能承担责任。然而，今天我们到处都在要求负起责任，从个人的自我负责到企业的社会责任再到政治责任。我们谈及环保责任、对后代幸福的责任以及对人类存续的责任。在出现差错的地方，我们总是向"负责人"问责。

现代，对责任的理解源于个体自决的理念。作为理性存在物，我们能够给自己的行为立法，而不是听从于陌生的权威或让自己服从于更高等级的命运。但这同时意味着，我们要为自己的行为负责。

责任意味着给出"回答"、做出解释、为一个事件担保，确切地说，它首先并不依赖于是不是人们自身引起了该事件。在此，责任的每一个归因都关联着一个责任承担者、一个责任的对象以及一个人们必须向其负责的主管机关。就这一点来说，责任总是具体的。没有人是对每个人、对一切事都负责的。

我们主要需要区分两种类型的责任。首先，是对一种大多是"消极"事件及其后果所承担的责任。一个人是否能对发生的事情负责，取决于他是否能够有意地影响此事。我们大多不对偶然事件负责。与此同时，责任要求责任人具备某种程度的能力，确切地说就是有理由承担的能力。其次，是主管一个特定的职业领域，例如在一种功能或角色框架内。这两种类型的责任相互依存。一个事件是否"可以问责于"某人，本质上取决于这个事件是否在

我们不仅对他人和自己负责，而且要
对我们居住的星球的未来负责，以便
让后代也能过上一个幸福的生活。

政治家承担着一种特殊的责任，例如这里的联合国安理会成员。由于其功能，他们经常对根本不是由他们自己引发的事件负责。

他负责的范围内。但我们经常不仅仅将责任理解成一种特定的职责，责任也有道德的维度。在道德方面，"不负责任的"或"没有承担责任的"行为常常是受到谴责的。

伊曼努尔·康德所认为的道德责任最终是在自己良心面前的自我负责。然而，很多哲学家认为这是不够的，因为责任的内涵决不能只从责任承担者的角度来判断。一旦我们对某物负责，我们就将自己置于与他人的关系之中。因此，责任必须始终考虑到我们行为的后果。这不仅仅取决于善良的目的，我们也必须顾及行为的可预见后果。然而，在高度技术化、全球化的世界中，行为的后果常常几乎无法预估。人类的行为甚至有毁灭人类自身的可能性。受核威力的触动，哲学家汉斯·约纳斯（1903—1993）设计了一种全球化的未来责任伦理学："人对大自然和未来人的存在负有本体责任，或者任何行动的后果不能对未来人的存在造成破坏。"从这个角度来看，我们每个人必然对环保负有责任。然而，对责任的这种理解是要求很高的。在小事中，在整个日常事务中，责任就早已存在，它们的范围我们是清楚的。

承担责任要求我们真诚地辨析情境，真诚地对待他人的期待和要求、真实地分析自己的可能性和界限。如果某人能成功地说服别人他没有责任，那么拒绝承担责任也属于负责。

义务

我们必须做什么？

什么是义务？它以什么为基础？为什么我不能直接做我们想做的事情？

很多国家的人们都有服兵役的义务。然而，这样的义务可能与其他义务相冲突，例如与很多宗教中规定的杀戮禁令产生冲突。

义务让社会成员聚在一起。义务使我们能够信任他人，让人们遵守承诺并执行合约。义务产生于我们的社会关系、约定、职业或者协会中的会员身份。

我们将"义务"理解为必须去做的事情（一件人们觉得应当自己做或应当让别人做的事情）。"pflicht（义务）"这个词从"pflege"派生而来。最初它的意思是"参与""联系"和"共同体"，但也有"保护"和"照顾"的含义。在这个概念中，pflicht最终获得了道德和法律约束的含义。虽然希腊哲学家大多强调美德而不是义务。但他们已经有这样的想法，即存在出于道德理由人们必须要做的事情。kaketon这个希腊语概念的意思是，符合某个本质的——可以被该本质要求的。斯多葛学派将其理解为服务于维护及发展人类天性的行为。他们的义务概念在此针对共同体的生活。然而，按照斯多葛学派的观点，对有德行的好行为来说履行一项义务是不够的。重要的是我们用以履行义务的"公正"态度。

古罗马政治家和演说家西塞罗（公元前1世纪）在他的著作《论义务》中对斯多葛派的学说表示赞同。他认为，义务建立在美德基础之上，首先，基于公正的美德，它的功能在于维持人类共同体。因此根据西塞罗，不给任何人造成损害是义务。其次，共同体中的义务取决于不同的情况，例如人与人之间联系的紧密程度、年龄或者社会地位。西塞罗认为，义务产生于人际关系——根据他的观点，我们对行善的人以及那些依赖我们的人负有责任。

家庭成员也有特定的义务，例如这个
帮忙做家务的少年。此时的义务产生
于家庭内部的特殊关系。

> **《道德形而上学基础》，1785 年**
>
> 义务是出于对法则的敬重的一个行为的必要性。
>
> ——伊曼努尔·康德

在古希腊罗马时期，人的义务建立在对更高的、神的原则的洞见基础之上，例如公正原则。而在中世纪，宗教规矩和信条决定着人们的生活。启蒙运动才将义务概念从宗教语境中解放出来。伊曼努尔·康德认为，不仅应当把我们的义务认作上帝的命令，而且是出自对法则的敬重的一个行为的必然性，即人的义务就是按照善的意志行为。

一个行为的道德价值在于它是出于义务被执行的。我们肯定会出于同感而行善，或者出于同情而帮人。然而我们的感情倾向是不可靠的，它们因人而异。康德认为，我们作为理性存在物有能力抵抗感情倾向，并让我们的行为服从于生活原则。在此，我们利用作为人类的能力进行推理来决定什么是好的、什么是不好的，来寻找我们的生活原则，然后，根据这些原则我们可以行使我们的意志，做正确的行动，以致所有其他人也能遵循它们。这就导致了绝对命令："要只按照你同时认为也能成为普遍规律的准则去行动。"康德认为，这项法则约束着我们的主观意愿。我们能够看到其正确性并相应地行为。这就是康德所理解的义务。他在《道德形而上学基础》中写道："义务是出于对法则的敬重的一个行为的必要性。"在此，他区分了与外在强制相关的法律义务以及与外在强制无关的道德义务。根据康德的观点，履行合约属于法律义务，而行善是道德义务。

今天的德语区分"pflicht"和"verpflichtung"。pflicht 意指一个普遍的要求或规范，例如遵守诺言。如果人们自己或他人造成了某种情况（比如向对方许下一个诺言），那么这种在具体情况下的义务（pflicht）德语称之为 verpflichtung。

直至今日，道德哲学讨论的一个问题是不同义务之间的冲突。因此，苏格兰人戴维·罗斯 (1877—1971) 引入了"Prima-facie-P icht"（有条件的义务）这个概念。其含义是，如果一个行为是一项义务，那么当且仅当存在接受它的与道德相关的理由。例如对善行的感谢是义务，当且仅当该善行不是建立在罪行上。

行为

什么决定我们的举动？

行为不仅仅是一个以某种方式"发生"的举动。当我们行为的时候，我们想要借此影响着什么。

救援队和私人救助者在太子港地震后寻找受难者。只有果断的行为才能拯救生命。那些虽能够在这些情形中施以援手却没有提供帮助的人，自己会感到愧疚。

去行为意味着故意地或有意识地去做某事或不做某事。一个人无意中踩到某人的脚，他虽然做了些什么，但他没有行为。与纯粹的动作或举止不同，行为与决定、目标和愿望联系在一起。我们人类为自己的行为负责，我们赞扬或谴责它们。行为这个概念要追溯到亚里士多德。在他的《尼各马可伦理学》中，他区分了 poiesis（生产）和 praxis（狭义上的行为），他把两者与 theoria（哲学沉思）区分开。poiesis 即生产某物，它以一个外在于行为自身的结果为目标，例如一所房子的建造。而 praxis 的目标内在于行为自身，例如反思或有道德的行为。根据亚里士多德的观点，幸福生活不在于达到一个特定的幸福设想，而在于成功的行为本身。每个行为都在一个特定的背景下发生，它决定着相关行为的行为空间。行为总是时间性的，因此人们能够让其发生。但能够行为的人，也可以不行为。因为每个行为都处于一个情境性的背景中，不行为也是一种行为，甚至经常是一种产生严重后果的行为，例如救援被耽误的情况。故意的举动，也就是行为，与无意的举动可以据此被区分，即意义清晰地提出这样的问题："你为什么做了这个？"如果某人能够回答这个问题，那么我们可以根据维特根斯坦的学生、英国哲学家格特鲁德·伊丽莎白·安斯康姆 (1919—2001) 的观点，认为他是故意的。相反，对于没有意识到他在做什么的人，我们则假设，他不是故意做这件事的。

意志

我们是在自由决定吗？

我们的意志影响我们的行动。但我们能决定我们所愿吗？即使我们偶尔有这样的感觉，即我们不是自己意志的主人，但它仍旧属于我们。

攀登一座峭壁需要极大的意志力。我们的意志推动着我们取得最佳成绩，如果没有意志，我们根本无法行动。

我们想要的很多，大多数情况下得到的却较少。意志在哲学上被理解为对某物的追求和行为动机。我们做某事，因为我们想要做。也就是说，因为我们有这样的愿望，所以，我们决定做出某种行为并放弃其他行为。

亚瑟·叔本华认为，意志是一个"盲目的、无目标的生存欲望"，它是基本原则，没有该原则就没有生命。它同样渗透到所有自然物，然而只有人有能力为了一个更高的目标而否定自己的意志。单是因为这个能力，我们能够将自我保存的本能放在最后并无私地行动。很多哲学家将能够操纵和控制自己的意志仅仅视为人的能力，因为理性和反思能力是必要的；而正如大家普遍相信的那样，动物没有受理性驱动的意志，只是跟随它们的本能。伊曼努尔·康德也称这种意志为"实践理性"。实践理性设计理想符合我们据此而行为的道德原则。然而，我们并不总能做到这样。可能每个人都有意志薄弱的表现：一个人已经下定决心减肥，随后却抵抗不住饼干的诱惑。

我们喜欢引用《圣经》中"心灵固然愿意，肉体却软弱了"这句话来解释我们的行为。意志恰恰不仅仅由理性决定，而且还受其他欲望的影响。

我们能否决定我们的所愿？否定自由意志在哲学上有很悠久的传统。决定论者认为，一切事物的发生都严格遵循着因果律。因此一切都必然地发生，我们能够自由做决定只是一种幻觉。从这个角度来看，"我别无选择"不是错误行为的蹩脚借口，而是一个断言。只是，如果我们的意志不是自由的，

我们自己根本无法做出决定，那么谁为我们的行为负责呢？将自己视为自己决定的发出者，这对把我们自己理解成自律的人来说是基本条件。如果意志——至少在某种程度上——不是自由的，那么例如道德、罪责或个性这样的概念将会失去意义。对待意志自由，康德有一个调和的立场。他认为，一方面我们服从于自然规律，但另一方面我们可以通过我们的意志自发地开启新的因果链。并且因为我们能够这样，我们也有能力问自己：究竟为什么我想要这样？只是因为我想要这样就也必须这样做吗？

决策

人们如何做出理性的选择？

决策影响着我们的生活。但什么促使我们做出某个决策？真的像
很多哲学家所认为的那样是出于理性吗？

在日常生活中，我们每天都做着无数的决策，如选择超市的商品、手机
套餐、空闲时间的活动安排或生活方式。如此多的选择早已让我们力不从心。
决策意味着，从无数可供选择的可行性方案中选择一种。亚里士多德将决策
（希腊语 prophairesis）理解为"审慎地追求存在于我们力量中的东西"。因
此，亚里士多德认为，孩子和动物不能做决策，因为他们缺少对此必要的理
性。作为意志选择的决策总是自愿的。然而，人们不能选择不可能得到或做
到的东西，比如选择不死。亚里士多德认为，从原则上讲，决策前的思考与
目标本身完全无关，有关的是达到目标的手段。比如，一个医生不会考虑他
要不要医治，而是如何医治。然而，这并不意味着人不对他的目标负责。亚
里士多德认为，每个人必须决定一种特定的生活形式，进而有一个生活目标。
当然他必须在通向目标的路上不断对具体的行动方案做出选择。

我们以不同的方式做出决策——"从内心发出"或出于理性的考量。现
代有关决策的理论试图解释理性的决策是如何做出的。其出发点基于不同的
假设：理性行动者的行为是目标导向的，在约束条件下，他们努力追求效益
最大化。然而，对经济及社会现象所做的"理性选择"分析遭受越来越多的
批评。众多神经科学的研究——例如心理学家、诺贝尔经济学奖获得者丹尼
尔·卡尼曼（1934）的研究——显示，人并非常常理性地做出决策，例如即
使经过长时间的思考，他也会犯下一些可能的思维错误。

有选择就有痛苦：鉴于今天产品的多
样化，做出理性选择越来越难。这时
偶尔听从"内心"会好得多。

功用

什么带来功用？

人们应该根据功用判断一切吗？功利主义者说，是的，因为只有对功用的考察才使我们无偏私地评价行为。

我们常常将功用理解为从一个活动或事物中获取的好处或利益。如果我们能使用一个产品做某事，那么这个产品就有功用。然而，拥有某种特定的能力也可以是"有用的"。如果某物根本不能带来功用，我们常常认为它也没什么价值。在经济学中，人们将功用理解为商品满足需求的能力；同时人们假设，消费者追求的目标是尽可能地将他们自身的功用最大化。

在道德哲学中，功用也扮演着一个重要角色。所谓的功利主义者根据行为结果的有用性来评价行为。在此，行为者个人的视角不重要。杰瑞米·边沁 (1748—1832) 和约翰·穆勒建立的功利主义将一个有用的行为理解为对幸福的促进，或对个人或团体安康的促进。在这一点上，边沁首先将获得快乐看作幸福的尺度。后来，约翰·穆勒区分了获得快乐的不同形式。他认为，文化的、才智的或精神上的需求满足也会带来乐趣。

功利主义与康德的义务论和功利主义伦理学相对立。功利主义认为，只有对功用的考察才允许人们对行为进行无偏私的道德判断。因此，一个功利主义者完全可以得出这样的结论：当违背一个诺言可以提高所有参与者的功用（收益）时，违背诺言是没问题的。功利主义立场的一个问题在于，它经常引发与我们的道德直觉相违背的行为。因此，从功利主义的角度出发，在某些情况下，为了拯救一个人而杀死另一个人甚至可能都是正当合理的。同时，还存在这样的问题，即功用到底可以根据哪些标准来衡量和比较。一个

　　功用原则是指，根据某一行为是趋向于增加或减少那些利益相关团体的幸福来赞同或反对该行为。

——杰瑞米·边沁

行为的后果常常根本无法准确地预见。经济学上的功用模型假设，理性经济人自私地追求使他们的功用最大化的目标。然而，今天这种理性经济人模型在两个方面受到越来越多的批评：一方面，人们可以否认经济行为人的确一直以功用最大化为出发点；另一方面，人们可以否认经济行为人所做的事是有益的。哲学家、诺贝尔经济学奖获得者阿马蒂亚·森（1933）称这样的行为人是"理性的傻瓜"。

　　由于功利主义立场在很多情况下导致"不人道的"后果，今天在道德哲学上它也很少能站得住脚。例如澳大利亚道德哲学家彼得·辛格（1946）事件：辛格认为在某些情况下杀死严重残疾的新生儿是正当合理的。毕竟我们的直觉不赞同功利主义，因为一个人的尊严不是以计算功用的形式得到表达的。

目的

一切都有一个规定吗？

在自然中的一切事物都是为了满足一个目的而存在吗？或者只有作为理性存在物的人才能为自己设定目的？

我们有时说"这是漫无目的的"。我们以此来表达一件事或一个行动没有意义。通常我们将目的理解为"为了什么"，也就是说它是一个目标，为了这个目标某事发生、被做，或者某事物存在。一个行为、过程或者事物可以有一个存在的目的。例如我们说，一个工具完成了它的目的，这也就是说，它实现了它的功用。今天，我们几乎不再思考更大关联物的目的性，例如自然或整个世界所发生之事的目的性。如果我们去思考，那么这个目的是什么的观点也是多种多样的。

从古希腊罗马时期到中世纪，人们是以一个存在秩序为出发点，在这个秩序中，一切变化过程都有自己的目的。亚里士多德为了解释自然过程，区分了动力因和目的因。动力因将一个特定的变化归因于它的源头或它的发起者，而目的因是这个过程所服务的目标。例如生物有特定的器官，这些器官实现对存活至关重要的功能或服务于再生产。

在中世纪，人们脱离了大自然是有其自身目的的存在的设想。他们将一切事物所指向的目的因解释为上帝的意志。近代以来，人们才否定了这个"目的论"的世界观，即自然进程是以目的为导向的世界观。伊曼努尔·康德认为，目的概念只能服务于"对客体反思的需求"，而不能用于对客体自身的规定。虽然人们无法设想没有目的性的生物，但目的因果性是"纯粹的理念（……），人们绝不去承认其现实性"。自然进程不以目标为导向，而是基于依赖偶然

大多数事物都有一个相当确定的目的。如果一个事物的功用被重新定义，那么关于它的判断也会在"原创的""创新的"和"疯狂的"之间摇摆。

性的选择和变异机制。这一认识在查尔斯·达尔文进化论中得到加强。有意识地设定目的——这也许只有作为理性存在物的人才能做到。

自私

我是对自己最好的人吗？

如果每个人都为自己的利益考虑，不就是每个人的利益都被考虑到了吗？显而易见，我们都在为自己考虑。每个人都在利己地行动着，然而自私的人会忘记他人。

Ego 在拉丁语和希腊语中的含义是"我"。自私的人首先想到的是自己，甚至不惜将自己的幸福置于他人的幸福之上。自私者并没有好名声。今天，只关心自己而不承担社会责任的人是不被接受的。捐助、分享、牺牲——自私者是不会做这些事情的。如果他做这些，只是因为他希望从中获得好处，例如为了一个更好的社会形象或者良心安宁。

只是，人们怎么辨别一个行为是自私的呢？康德很早就已指出，人们从来无法肯定地说一个行为后面隐藏着什么样的动机。也可能隐藏着自爱，是它促使人们做一些舍己为人的事情。英国哲学家托马斯·霍布斯认为，从根本上讲人是自私的，并只考虑自己的利益。他将人类的自然状态描述为所有人对所有人的战争（拉丁文：bellum omnium contra omnes），只有通过人为的限制例如订立社会契约才能结束这场战争。

那么我们生来就不计代价地只为自己打算，为自己谋利益吗？这个想法并不完全错误。在传统经济学中，"经济人"这个概念起着支柱性的作用。这个概念的意思是，如果人有选择，那么他总想贯彻自己的利益并使之最大化。单单是我们的生存本能就会导致以功用为导向的思想。

然而，我们不能如此简单地解释人类的行为。毕竟有足够的例子显示，人们会无视自己的利益，并为了他人的幸福，也就是说无私地行为。道德的每种设想都基于我们不仅作为个体为我们自己而活，而且被捆绑在一个社会

游客作为世界的中心：有些自拍者把
对他者和新事物的喜悦换成了对自己
的喜悦。

网中。基督教传统教导我们，没有自爱的爱邻人是根
本不可能的。《圣经》中这样说："要爱邻舍如同爱
自己。"

　　相反，"道德自然主义"的代表者，例如弗里德
里希·尼采认为，自私行为在道德上也许是有价值的。
大多数道德哲学家可能会反对这个观点，因为道德正
是要帮助我们更好地与人相处，而不是只想着自己。
然而，我们也有责任和我们自己友好地相处。没有人
为了成为一个好人必须完全为他人牺牲。

享受

我可以奖赏自己一些东西吗？

一杯葡萄酒可能是美妙的东西，一次喝葡萄酒的享受就能打破我们灰色的日常生活。总有一些时刻，让你觉得人间值得。但有时我们会感到良心不安，因为享受除了使我们自身愉悦之外并不服务于任何其他的目标或目的。我们必须享受吗？

我们将享受理解为一种和愉悦及消遣相关的感性经验。对此我们常想到吃喝。但人们也可以享受音乐、成功、性、自然以及其他很多事物。古希腊哲学家伊壁鸠鲁（前 341　前 271/ 前 270）早就建议一个以享受为导向的生活方式，但它不是很多人所认为的无所约束的享乐主义。他所倡导的是知足常乐，为了让我们不受外界因素的影响，此外，人们也必须在每次享受时考虑其后果。亚里士多德也认为享受是值得追求的，当然正如在所有事物中一样，只有"适度"才可以。连恪守道德准则的伊曼努尔·康德也不拒绝享受。当然根据康德的观点，一个真正自由的人其道德行为并不出于追求享受，而是出于义务。康德说，不可能存在一种"享受的义务"。人们享受，恰恰不是因为人们必须这样，而是因为人们可以这样。

享受是不以需要为前提的。众所周知，人们喝优良的葡萄酒不是为了解渴，而是为了享受葡萄酒的美味。也就是说，享受是自为目的的。为了借享受达成什么时，我们就不是在享受。我们更多的是为了享受而做些什么。此外，每种享受都要求一个最小限度的主动性。为了享受某物，我们必须参与其中。同时，享受有一个时间维度，它将我们与现在联系起来。人们在此地、此时享受。人们充分享受这个时刻。此外，人们只能有意识地去享受，享受要求精力的集中和时间的投入。谁和朋友吃晚餐时还在阅读电子邮件，那他就不会真正地享受这个夜晚。

一次按摩令人放松、愉悦。然而，只有当我们投入按摩，并且不要一直想着我们的日常问题时，我们才能真正享受按摩。

《判断力批判》，1790 年

享受是人们用它指称内心愉悦的词语。

——伊曼努尔·康德

然而，让人们享受的东西经常是不健康的，人们会想到香烟或酒。维也纳哲学家罗伯特·普法勒（1962）的观点是，为了打破日常并创造一个特别的、欢庆的瞬间，每次享受都需要一个这样的"不良时刻"："我们只能用某种不良的、不能持久的事物来欢庆；并且只有当我们欢庆的时候，我们才真的是在享受。"由于禁令，这些享受在我们的社会中越来越受到遏制。普法勒认为，坚持享受意味着"在死亡到来之前，不让美好的生活被剥夺"。当然，伊壁鸠鲁早已教导我们，没有理性和道德的享受式人生是不可能的。然而只有享受才将我们置于日常束缚和例行公事之上。但是，每种享受都需要对比——当我们一直在享受时，享受就会失去意义。假如我们在不停地庆祝，那么就没有什么再是真正值得庆祝的了。

悠闲

休息比工作更好吗？

越来越多的人渴望有更多自己的时间，他们可以在这段时间内不用工作或不必履行其他义务。然而，悠闲并不意味着无所事事和偷懒。

亚里士多德的观点是，只有悠闲的人才能进行哲思。如今，在我们匆忙的生活中，对很多人来说悠闲再次获得其重要性。

人们从来没有像今天这样忙碌。为了不失去（和世界的）联结，我们一直在奋斗。我们在工作日应该二十四小时待命、随叫随到。甚至在休息时间，我们也经常让自己紧张，因为我们想尽可能多地经历。我们缺少的是"悠闲"。一般情况下，人们将悠闲理解为休息的时间，在这段时间里，人们远离职责，可以从事自己感兴趣的事务。对于古希腊哲学家来说，悠闲是从事哲学和科学的前提。亚里士多德认为，所有的劳动都是"庸俗的"，因为"它们攫取了悠闲的精神"。根据亚里士多德的观点，我们为了悠闲去劳动，正如为了和平去战争。然而他并不是把"悠闲的理想"理解为完全的无所事事或偷懒，而是哲学的凝思。他观察到，他所处时代的科学首先在人们不必劳动的地方取得了进步。例如数学在埃及诞生，因为那里的教士阶层拥有足够多的悠闲时间。中世纪的修道士将 schole 理解为教会学者的精神活动。从中派生出与中世纪科学－理性神学相关的"scholastik（经院哲学）"这一概念。托马斯·阿奎那是他们的主要代表人物之一，他虽然认为劳动是必要的，但理论学习、凝思的生命具有优先地位。

直到近代贬义的"闲散"概念才取代了古代凝思的悠闲。马丁·路德（1483—1546）斥责闲散为恶习。首先，新教称生命的意义在于劳动和创造。如今，悠闲再次被很多人视为对抗日益忙碌的生活的手段。其次，越来越多的人利用他们的悠闲时光阅读哲学书籍。

幸福

是什么让我们感到满意？

幸福——不是每个人都想要的吗？对此，人们想到一种深深的满意状态，想到生命中的欢乐、爱与成功。当我们谈到"幸福"时，我们不是简单地意指幸福的时刻，而是意指生活的整体。但什么是一个幸福的生活呢？究竟人们可不可以对此给出一个客观的答案呢？

今天幸福被置于和欢乐同等的位置。孩子们在面对小事，比如第一场雪时感到幸福。

所有人都追求幸福。古希腊哲学家认为这是不言而喻的。幸福被视为最高的善，没有什么比幸福更值得期待的了，幸福被视为人类生活和行为的最终目标。然而，这里指的不仅仅是一个特定的精神状态，而是一个成功的、以道德为导向的生活方式。亚里士多德在他的《尼各马可伦理学》中将幸福界定为"符合完善德行的灵魂的活动"。对他来说，幸福是人类生活的目的，也就是我们作为理性存在物最终所追求的目标。当然，亚里士多德也看到，人们对幸福具体意指什么是极不一致的。一些人寻求拥有财富和权力的生活，另一些人寻求有荣誉的生活。然而，所有这些生活方式最终并不是目的本身。我们追求它们，是为了借此得到其他事物。比如，我们想富有，是为了买得起昂贵的东西。根据亚里士多德的观点，只有自为目的的生活方式才能让人幸福。为了人类的幸福、献身于哲学沉思的凝思的生活，对他而言才是享受的生活。然而，最终只有一种选择才通往圆满的幸福。

当然，贴近生活的哲学家亚里士多德完全承认，其他美德例如富有或健康等外在的东西也能对幸福有贡献。（毕竟，如果一个人正在遭受疾病或贫穷，那么进行人生凝思的生活也是不幸福的。）因此，我们只能通过一个和理性协调一致的有道德、有节制的生活促进幸福。按照其他古希腊哲学家的思想，我们通过理性的自控达到幸福。希腊哲学流派之一的斯多葛学派认为，智者要适应现实，而不是抱怨无法改变的命运。

很多人在成功中感到幸福。然而当成功以他人的牺牲为代价时，它在道德上就是有问题的。因此单纯地追求幸福并不是道德导向的生活。

直到 18 世纪，哲学家才将幸福与主观的舒适以及个人的满意更紧密地联系起来。但这种对幸福的理解显然是有问题的，因为每个人的感觉是不一样的。对一些人来说，吃好的食物意味着最高的幸福，另一些人却认为幸福存在于运动或哲学沉思中。因此，伊曼努尔·康德认为幸福是一个"不确定的概念"。对幸福的追求不能在理性中，而是在经验中，也就是通过个人的经验加以说明。一个人的幸福不是另外一个人的理性给定的目标。

原则上，康德提醒人们去思考，对幸福的追求可能会导向错误："实际上我们也发现，一个有教养的理性越是蓄意盘算着要致力于生活上的享受与幸福，这个人也就越发得不到真正的幸福……"

除了幸福究竟是什么这个问题，康德还致力于对幸福的评价。他认为幸福虽然是一个令人愉悦的状态，但是令人愉悦的东西并不必然是好的。毕竟对幸福的追求也可能违背道德。一个毫无顾忌的自私者也可能是幸福的。相反，一个道德上无可指摘的生活也不是通往幸福的保证。对康德来说"最高的善"在于道德和幸福的统一。然而在尘世生活中，我们无法道德完美地生活，毕竟我们都不是圣人。因此，康德必须以灵魂不死为出发点，以便人们能真正地达到"最高的善"。

也许一个持久的幸福从根本上讲并不值得追求？追求幸福毕竟是我们生活中最重要的推动力。如果我们一直生活得很幸福，那么我们可能根本就没有动机去努力。"幸福"其实一直是：我们大多数人希望有一个充实的、成功的生活，一个我们能够"肯定"的生活。为此，我们需要一个有意义的且现实的、可追求的目标。然而，追求自己对幸福的设想是不够的，面对周围的人，我们必须能够对我们的生活负责，不要让我们的幸福建立在他人不幸的基础上。

美德

什么样的人是一个好人？

一个有美德的生活被视为值得追求的。一些哲学家甚至认为美德比道德规范更重要。

人们将美德理解为一个好人应该具有的典范性品质特征。柏拉图列出了三种基本美德：智慧、勇敢和节制。这些美德与灵魂的三个部分相关联：精神、心绪和激情。柏拉图将其分配到其理想国中的三个等级：教育者等级、防卫者等级和生产者等级。然而，对他而言还有一个更高的美德——正义，它负责上述三个美德的和谐共存。

美德在亚里士多德伦理学中也处于中心地位。亚里士多德将美德确定为一种灵魂的卓越性，它对美好生活和幸福有着促进作用。他区分了"知性"美德和"伦理"美德。知性美德，例如有智慧、理解力和聪明；伦理美德，例如有慷慨或节制。亚里士多德认为，知性美德的获得通过教导，伦理美德则通过习惯。伊曼努尔·康德的美德理论与亚里士多德的伦理学相对立。康德将美德理解为人的道德状态，而不是一种品质特征。一个有美德的人承认其对由理性决定的道德行为的义务，也就是说不取决于他的其他动机。例如，勇敢这样的美德还不具有道德价值。毕竟一个罪犯也可能是勇敢的。重要的不是行为者有美德地行为，而是出于道德义务地去做某事。

每一种美德都遭受过这样的批评，即美德依赖于语境。因此，例如慷慨可以是种美德，但把财富赠送给黑社会肯定是不好的。现代美德伦理学家，例如 G.E.M 安斯科姆（1919—2001）或菲利帕·福特（1920—2010）反对康德传统中的只注重行为（"我应该做什么"）的义务论伦理学，因为它没有

在童话和漫画中，好的和坏的、有美德的和品行不端的形象之间有着明显的区分。例如超人体现着勇气和无私的美德，在这一方面，他超越任何人（克里斯托弗·里夫《超人》，1978）。

对什么是美好生活这一问题给出答案。同时，义务论伦理学和只根据后果判断行为的后果主义一样，忽视了行动者的动机和倾向。而从美德伦理学的视角来看，良好行为建立在每个人都可获得的性格特征基础之上。虽然社会规则，如某些禁令，不能仅从美德伦理上得以说明，但自亚里士多德以来，美德伦理学至少在这一点上教导了我们：谁想成为一个好人，谁就应该尽早开始塑造自己的性格。然后，人们才根本不会想到去做道德规则所禁止的事情。

谎言

人们必须一直说实话吗？

撒谎被视为卑劣的、应受到斥责的行为。它摧毁着信任、操纵着他人、损害着爱与友谊。然而事实是，我们所有人出于各种各样的理由都会说谎，据说，每天甚至达到 200 次。

苏醒过来的木偶匹诺曹有一个显著特点：说谎时他的鼻子会变长。孩子们应该学到，说谎是不道德的并且真相总会显现出来。

今天，一些心理学家甚至认为撒谎是一项社会技能，它帮助我们尽可能无冲突地与他人相处。哲学家关于谎言的理解是这样的：说话者自身认识到他所言为假，但他以欺骗为目的，让他人有错误的信念。因此，并非每个虚假的声音都是谎言，因为这也可能涉及一个错误。教父哲学家奥古斯丁第一个发展了谎言理论。他认为，说谎的人有一颗"双重心脏"，因为他表达着与他内心的东西不同的东西。他滥用语言且伤害着信任他的邻人，由此犯下罪过。伊曼努尔·康德认为，每个谎言都违反着"绝对命令"："只要只按照你同时认为也能成为普遍规律的准则去行动。"没有一个有理性的人愿意所有人都说谎。毕竟说谎者也想要人们相信他。康德因此认为一个说谎者是在逆"人类的权利"而行为，即使他的谎言不损害任何人。康德关于说谎的严格禁令对今天的很多哲学家来说有些太过了。虽然谎言因操控他人而被视为道德上有问题的，但是在特殊情况下，谎言甚至是应当的，例如为了保命。当然，说谎者是负有"举证责任"的，他必须有充分的理由为其谎言辩护，至少在这个时候他应该诚实。

面对自己，人们迅速为一个困境下的谎言或
善意的谎言找理由。如果一个政治家当众撒
谎，我们就感到气愤——这可能立刻让他失
去职位。

错误

人们会从错误中变聪明吗？

出错是人的自然属性吗？虽然我们试图避免错误，但时不时还犯错。在追求真理的道路上，犯点错也是可以接受的，因为它能丰富我们的人生。

当哥伦布于 1492 年 10 月 12 日踏上巴拿马的一个岛屿时，他认为那是印度。这是世界史上最大、最著名的错误之一。

如果某人犯了错，他就走上了错误的道路。用柏拉图的话来说，他对哪条路能将他引向目标有一个"错误的观念"。错误的典型特征是，某人在做一件错误的事情，而他却还认为这么做是正确的。彼得 32 岁，相信彼得 30 岁的人显然是错了。然而，一件事情越复杂，人们关于其对错的一致性越小，那么将一个观念揭示为错误的就越麻烦。例如，很多哲学家声称，他们知道对于正确行为或美好生活这一伦理问题的正确答案。几乎不可能向他们中的某一个证明他错了。

尽管如此，避免错误和接近真理是每个科学理论，因此也是每个哲学理论的目标。在《柏拉图对话录》中，苏格拉底通过揭示与他辩论的人的错误，将他们引向对真理的认识，从而阐明自己的理念。

伊曼努尔·康德认为，人们没有认清本来必须认清的所有事实就做出了关于某事的判断，由此错误产生了。人们更应该首先仔细观察，而不是匆忙地形成一个观点。然而，人们总是在事后发现自己错了。毕竟人在犯错误时将错误的理念误以为是正确的。为了检验我们的信念（可能的话并改正它），我们要与他人交换意见。此外，约翰·穆勒认为，洞见和改正是困难的，因为我们的信念特别容易受无法摆脱的习惯和个人倾向的影响。排斥讨论新观点的人，冒着故步自封的危险。只有当人们认识到错误时，才会从错误中变得聪明。

罪责

我们必须要责怪自己什么？

错总在他人。没有人愿意承认过错。在此，罪责只是自我负责的
一个必要结果。

如果某人因一个错误陷入不幸，除了他自己没有人对此负有责任，那么
这时我们会说"我自己的错"。如果我们的不幸是他人违反法律或道德规范，
那么这时我们会说是别人的错。无论哪种情况，犯错的人都要为自己错误的
行为承担法律责任，例如一个人抢劫另一个人的时候。相反，如果一个人未
能信守对朋友的诺言，他招致的更多的是道德上的谴责，而不是和法律相关
的罪责。

罪责和赎罪在大的一神论宗教中扮演着中心角色。罪责在这里被理解为
人在上帝面前因为罪行（违反上帝规范的生活或行为）成为有罪之人的过程。
为此每个人都在一个世界末日的法庭上接受审判。

近代以来，哲学上的罪责概念越来越多地从宗教语境中脱离出来，转向
了法律 – 理性的理解。然而，法律 – 道德规范的以及责任的方面是恒定不变
的。为了能够讨论罪责，就必须清楚谁是一个行为的发起者。伊曼努尔·康
德认为，我们的行为是"可归因的"，因为我们是能够遵从道德法则的自由人。
但这种可归因性在实践中根本不会如此清楚。对在危难中或冲动之下所犯罪
行的审判不同于对有策略、有计划的谋杀的审判。对行为和行为人的归类也
不总是清晰的。比如谁来承担金融危机的责任呢？是一些个体，还是整个经
济制度？如果说是整个经济制度的话，那么抽象的东西应该如何负责呢？

罪责总是与单个的人相关联的。然而，并不是每个招致罪责的人都感到

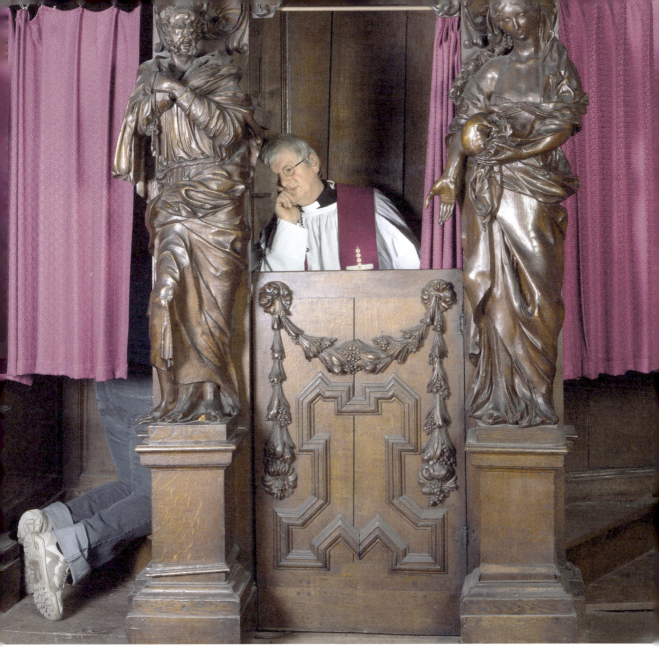

基督教徒可以在忏悔中向上帝承认他们的罪责。在世俗领域里，我们大多在违反法律或道德规范时才使用这个概念。

自己有罪。我们常常推卸责任：比如将错误归因于错付真情的朋友、交通堵塞、国家财政部门的苛刻或者不可控的天气。根据黑格尔的观点，每个行为在根本上都在掩饰自己犯罪的可能性。这位耶拿大学毕业的哲学家这样说："只有什么都不做，如一块石头那样存在，才是无罪的。"这是不是一个合适的选择呢？

惩罚

人们必须为罪行买单吗？

惩罚必须是真实的吗？谁理应受到惩罚？人应该出于何种原因受到惩罚？哲学家的出发点从报复延伸到权利重建。

在足球中，"红牌"大多用来惩罚那些特别不公正的行为。其背后的理念是谴责（比如一个严重的犯规），但也有预防的思想（尽可能地阻止那些违反体育精神的行为）。

有罪之人必须受到惩罚。这符合我们的公正感受。然而，对惩罚的辩护并不容易。起初，惩罚的理念可能产生于复仇。在远古时期，惩罚关涉的是对尊严的维护。在很长一段时间里上帝负责惩罚，因为违反人类的秩序同时也被视为违反上帝的律法。前苏格拉底哲学家阿那克西曼德（约前610—前547）甚至认为，惩罚性的公正是一项世界原则。当时，人们已经将道德考量与惩罚联系起来：做了坏事的人不允许从中获得益处。然而柏拉图认为，恶劣的行为首先关涉的是行为人自身。因此，每个惩罚的目的都是对灵魂疾病的治疗。在这个意义上"无法治疗"的人必须用死亡加以惩罚。相反，亚里士多德在补偿性公正的视角下看待惩罚，并在纯粹报复性的复仇和对行为者的谴责之间做出重要区分。斯多葛派学者，如塞涅卡为惩罚找到另一种辩护。他虽然主张温和宽厚，但认为惩罚是必要的，因为保护犯罪的人就是损害善良的人。

所谓绝对的惩罚理论以一种罪责补偿为目标，例如报复理论就属于此列。报复理论意图通过惩罚来抵偿所犯下的罪行，重建被损害的法律秩序。这种理论的严格代表是伊曼努尔·康德。他在《道德形而上学基础》中写道："即使公民社会在所有成员的赞同下解体，也必须把监狱里的最后一个谋杀犯提前处决。"黑格尔也在惩罚中看到法制的重建。一个罪犯甚至有权要求惩罚他的行为，因为这样他才"作为理性的人被尊重"。在今天的世俗社会中，

惩罚里包含着被惩罚者自身的权利，借此被惩罚者作为理性的人受到尊重。

——格奥尔格·威廉·弗里德里希·黑格尔

这些绝对的惩罚理论是可疑的，因为它们建立于对公正的有问题的设想基础上。此外，从社会的视角看，在惩罚根本不必要的情况下，这些绝对理论也预先规定着一种惩罚。相对的惩罚理论目的在于阻止将来的犯罪行为，在此人们区分普通预防（对大众的保护）和特殊预防（对罪犯的改造，使其重返社会）。今天的惩罚理论与起初的复仇设想相去甚远。然而，远古时期的动机似乎继续以某种形式在我们的思维中发挥作用。当一个人因偷窃自行车而被惩罚时，大多数人很少想到普遍预防，而是感到一种补偿：此人罪有应得。

理由和原因

你为什么做某事？

理由在理性的思考和行为中扮演着一个核心角色。不能说明他为何做某事的人，其行为也是非理性的。谁无理由地吹嘘，我们大多会认为他是个招摇撞骗的人。

如果下雨，人们有理由撑开雨伞。下雨为打伞提供了理由，也以某种方式解释了打伞这个行为。

在需要辩护的情况下，我们询问理由的典型方式是："你为什么做某事？"我们期待着一个解释作为回答。对于一个行为，我们想知道这个人这样做而不那样做的理由。

通常我们只模糊地区分理由和原因。然而，这种划分对评判一个辩护绝对是至关重要的。例如下雨是带伞的理由。相反，说到原因时，我们想到特定的规律性，它解释着某事何以发生。例如，刹车失灵可能是一场交通事故的"原因"。而美国分析哲学家唐纳德·戴维森（1917—2003）提出，理由也可以用于因果分析。戴维森将一个原初的理由理解为一个"预先想法"，也就是一个特定意图，并附带某个特定行为可以实现这个意图的信念。进屋触碰电灯开关可以是原初理由，因为我们有开灯的"预先想法"，同时我们深信开灯必须触碰开关。现在我们来想象一下，开灯吓跑了正在屋中的盗窃者。根据戴维森，这个原初理由同时也是吓跑盗窃者的原因。也就是说，可以用两种方式描述对开关的触碰，第一作为"开灯"，第二作为"吓跑盗窃者"。当然进屋触碰电灯开关并不是为了吓跑盗窃者，而是为了开灯。但触碰开关这一（原初）理由在因果上导致了盗窃者的逃离。

理由看来不仅和原因关系很近，而且也和希望紧密相关。英国哲学家伯纳德·威廉斯（1929—2003）曾经提出这样的论点：在理由中仅存在"内在的"行为理由，即建立在我们的动机基础之上，而不是外在因素上的理由。如果

人们希望实施一个行为，人们才有实施这一行为的理由。然而，很多哲学家反对这个观点。虽然没有行为愿望我们不能行为，但行动理由本身不是通过我们的愿望给出的。不是理由基于愿望，而是愿望基于理由。例如，遭受疼痛时我们有理由去看医生，即使我们不想这样做。直接理由在于疼痛的事实，而不是人们察觉到了自己去看医生的愿望。承认外部理由的存在减轻了我们的负担。被问为什么做某事的人，不必回答"因为我想做"，而是可以放弃承担责任。

命运

一切都是预定的吗？

我们常用"命运"一词来意指一种更高力量的安排，它是我们自身无法掌控的东西。现代哲学家更愿意让人类自己对他所遭遇的事情负责。

一种无法治愈的疾病、高位截瘫、一位挚爱之人的逝去——当我们或他人遭遇某事，我们常常会说"命运的打击"，并将其理解为在我们的影响力之外的一种对生命的冲击。我们无法改变自己的命运，它就这样降临在我们身上。对我们来说，命运的降临常常是任意的，但有时我们也认为从命运中能看出某种意义。

希腊悲剧早已处理过将人类带入无路可走之境况的命运。其后，斯多葛派将命运和上帝的逻各斯等同起来，他们从中看到一种决定所有事件的宇宙法则。在中世纪，基督教对命运的信仰与自由意志及人的责任产生冲突。在近代，命运概念继续丧失其重要性。在启蒙运动兴起以后，一个预先决定一切的更高的力量不再有其位置。康德甚至要求，将命运概念从哲学词汇表中删除。在 19 世纪和 20 世纪命运的概念产生了变化，它不再被理解为外在力量，而是作为我们行为的自然结果。黑格尔认为，人在他的命运中认识到他的生命："命运是对其自身作为整体的意识。"

在我们现今的世界里，生命变得越来越可以预计，相信命运好像是远古时代的遗风。然而，尽管存在所有这些计算理性，我们也经常对世界上发生的幸与不幸没有答案。也许正因为如此，对一种我们无法掌控的力量的信仰会重新生长。而其名称则是多种多样的。

恶

奥斯维辛是如何可能的?

恶让我们失语。我们不能相信、不能理解,也不能解释它。恶是那些可怕的行为,它们超出我们的想象力。一提到恶,人们想到的是奥斯维辛,想到的是"9·11"事件,想到的也是酷刑、强奸、谋杀以及精神折磨。

奥斯维辛是恶本身的代表,是第三帝国时期超过 600 万名犹太人被杀害事件的代表,是所有对人做出的可怕行为的代表。

直到中世纪,哲学家在很广泛的意义上使用恶这个概念。拉丁词"malum"也指例如自然灾害或疾病等非道德意义上的坏事。从中世纪经院哲学到近代宗教哲学,恶的问题的提出首先与神正论问题相关,也就是一个仁慈、全能的上帝如何允许恶在世界上发生的问题。直到伊曼努尔·康德才尝试进一步确定人的道德上的恶。康德认为,当一个人已经意识到"道德法则"时,却仍按照不道德的准则行事,那么他就是恶的。也就是说,恶人的行为也是自由的。一个人作恶并不是为了恶,只有魔鬼才能为恶而恶。在恶人那里,其实有一种"驱动力的翻转";恶人的行为最终是出于自爱。不能或不愿让自己受道德法则约束的人有一颗"恶心",无论这是出于意志薄弱、不诚实还是恶的意图。康德提及一种"心灵的颠倒",他将这种颠倒称作"根本恶"。虽然我们作为理性的生物有可能抵抗恶。然而,道德恶的起源对康德来说最终也是无法解释的。

哲学家汉娜·阿伦特(1906—1975)代表了完全不同的观点。她断言,常常正是历史上最大的罪犯并不符

合康德意义上"根本恶"的形象。她在纳粹罪犯阿道夫·艾希曼的人格中看出了"平庸的恶"，她没有将他刻画为一个残暴的恶魔，而是描述成无趣的官僚主义者和钻营的人。他日复一日地坐在写字台边签发着最终导致数百万人毁灭的文件。虽然如今历史学家极其质疑阿伦特对艾希曼的描述。然而她的核心洞见却得以保留，即恶可能是十分平庸的，它没有任何深度和魔力。最坏的罪犯不是有着极其可恶的人格特征和恶魔般意图的人，相反是那些一直宣称自己从来没有主动做任何一件事，而只是在遵从命令的人。

痛苦

为什么上帝容许这些发生？

人们坐在电视机前无奈地摇着头：自然灾害再一次侵袭了一个国家，数以千计的人失去了生命或者他们赖以生存的基础被夺去。信仰上帝的人会问：为什么上帝容许这些发生？

在可怕的自然灾害发生时，例如2011年日本的海啸，很多人问"为什么"。我们的世界会产生这种程度的痛苦，这让人们很难接受。

与今天不同，18世纪初，大多数人信仰上帝——尽管他们有着不同的上帝概念——他们感受着那个臆想的、慈爱亲切的上帝与世界上苦难之间的紧张关系。《圣经》在《约伯记》中也包含了对这个主题的探讨。后来戈特弗里德·威廉·莱布尼茨（1646—1716）将这一主题命名为：神正论（希腊语 theos "上帝" 和 dike "公正"）。面对世界上的灾祸，他把为上帝辩护作为自己的任务。他乐观地将由上帝创造的世界称为"所有可能的世界中最好的世界"。因为面对一个慈爱的、全能的和全知的上帝，对他来说其他情况都是不可设想的。虽然世界上有灾祸，但灾祸没有胜过善，是灾祸让善成为可见的。我们人类没有被赋予洞悉一切的眼光，因此我们无法知道苦难的原因。

当1755年里斯本大地震几乎完全毁灭了这个葡萄牙的首都时，莱布尼茨的观点已经在他的同时代人中激起了强烈的反对。20世纪英国哲学家伯特兰·罗素同样表示怀疑，一个所有可能世界中最好的世界会产生3K党和法西斯？

如今对上帝的信仰在哲学中几乎没有什么地位，但争论转移到了与达尔文主义相冲突的"自然的善"上面。

第4章

社会与政治

"国家"到底意味着什么？

作为一个国家的公民，我们必须纳税，我们受到法律和法规的约束。作为回报，国家为我们做了一些事情，它致力于基础设施的正常运行，并创建了教育和卫生体系。今天，很多人认为民主制是最好的政治体制，因为只有民主制保证了公民的自由和参与决策的权利。政治哲学家得到上述结论却用了几个世纪的时间。但是民主制也不一定能创造一个公正的社会，它也不能阻止战争和不公。民主制必须自身不断发展，才能够保持活力。

自治

我如何行使对自己的决定权?

行使对自己的决定权是什么意思? 自治被认为是我们现代生活的
理想状态。这个概念出现在所有的领域中, 从政治到职场再到日
常生活, 从父母培训到护理。到处都会要求自治或 "更加自治"。
许多人认为自治的生活是值得我们追求的。

就在苏格兰脱英独立公投失败后几周, 2014 年加泰罗尼亚人民就为他们脱离西班牙争取独立而进行游行示威。在很多国家, 族群和少数民族都在追求更高的自治权。

自治这个词实际上意味着 "自我立法"。它来源于希腊词 autos (自
己) 和 nomos (法律), 它在古希腊表明的是一个国家自我制定法律
的权限。我们对自治的现代理解可以追溯到伊曼努尔·康德。在他的
文章 "什么是启蒙" 中, 他将启蒙定义为 "启蒙就是人类脱离自己所
加之于自己的不成熟状态"。这种不成熟的状态是自己加之于自己的。
因为作为一个理性的生物, 人有办法用自己的理性来战胜它。按照康
德的观点, 作为自然生物, 我们被自己的喜好和欲望所控制。但作为
理性的生物, 我们可以将自身从中解放出来, 并且按照自己制定的准
则自主行事。然而, 自治并不意味着我们可以随心所欲, 更多地意味
着我们的个人意愿必须是可普遍化的。我们只遵循 "可普遍化" 的原
则, 并且我们可以合理地假设所有其他人会接受这些原则, 就好像它
们是普通法律一样。据此, 在自己的利益方面, 我们必须后退, 采取
无偏私的立场。个人感受和喜好在这里不应该发挥作用。

直到今天, 对那些需要护理的人和残疾人来说, 按照自己的愿望和需求去自主地规划生活是很困难的。在电影《最好的朋友》(2011) 里, 瘫痪的菲利普开始将他的生活掌握在自己手中。

浪漫主义者已经开始反对康德这种以理性为导向的观点, 他们
强调个性和真实性。他们认为自治并不意味着按照可普遍化的原则行
事, 而更多的是与自己和谐相处。存在主义者后来也有类似的观点。

今天, 对于自治的理解在大多数情况下也不再像康德那样从普遍
性原则出发, 而是以个人的行为为基础。美国道德哲学家哈里·法兰

克福（1929）认为，当一个人能够认同自己的愿望时，就会自主行事。根据道德哲学家克里斯汀·科尔斯加德（1952）的观点，自治在于根据我们的"实践身份"（包括劳动、家庭或某些信仰）对自己施加义务的能力。一些女权主义哲学家所代表的所谓"关系性的"自治的概念，重新重视个体与其他人之间的关系。从这个角度来看，自治取决于一个人在特定的社会环境中能够在多大程度上追求自己的目标。

今天，在西方社会，自治被认为是理想的状态。然而，自治对于个人来说也有可能是一种过高的要求，比如在职场中。日常生活中也会存在一些在我们依赖他人的情况，比如当我们衰老的时候，我们不得不在一定程度上接受不自主的状态。

自由

我们可以随心所欲吗？

今天，我们在民主社会中将自由视为理所当然的事情。自由是一个国家给予其公民的基本权利。然而，直到今天，自由的概念还是饱受争议的。

自由意味着不受另一个人的意志的支配。经历了长达 27 年的监禁，1990 年纳尔逊·曼德拉获释时，他能够继续他对南非种族隔离政策的斗争。

自由的哲学概念首先可以追溯到英国哲学家，如托马斯·霍布斯和约翰·穆勒那里。霍布斯将自由定义为"外部障碍的缺位"，当然这里他首先想到的是行动自由。穆勒是第一个将自由置于政治哲学中心的人。对他来说，自由是"人的本性中首要的和最强烈的愿望"。根据穆勒的观点，我们需要自由来发展我们的能力。言论和见解自由会推动认识的进步——当一些见解被压制时，我们就受到偏见和教条主义的摆布。除此之外，没有见解自由，我们就不能通过表达对自己真正重要的东西来发展我们的个性。因此，所有国家行为都必须以保护和促进个人的自由为目标。根据穆勒的观点，国家只有在为了自保或避免伤害他人时，才能干预个人的自由。

在日常生活中，我们大多数情况下认为自由就是随心所欲，也就是说我们的行为不受任何限制。但是这个定义是不准确的。即使我们想要在水面上行走，我们也无法这样做，仅仅是因为我们缺乏这样的能力。然而，没有人会因为这一点而声称自己不自由。显然，对于自由来说，重要的是我们与他人的关系。人们可以将自由理解为不受他人强迫。根据英国哲学家伯纳德·威廉斯（1929—2003）的定义，自由意味着不受另一意志的支配。

英国哲学家以赛亚·伯林（1909—1997）进一步区分了"积极"和"消极"自由。消极自由意味着我们在行事的时候有选择的可能性，也就是说没有外在的限制。而积极自由意味着我们能够真正施展自己的才华，达到自己

的目标。即使没有人阻止那些穷人或没有受过教育的人，他们也没有实现自己目标的可能性。从"积极"自由的角度出发，他们并不是真正自由的。

　　一些哲学家认为"消极"自由概念站不住脚。正如黑格尔指出的那样，我们不是在真空中，而是在现实社会中实现我们的自由。因此我们总是受到限制。就连在爱情和友谊中，我们也必须为了他人的意愿而搁置自己的意愿。

　　爱尔兰哲学家菲利普·佩蒂特（1945）将自由定义为一种承认的形式。在他看来，自由意味着一个人可以对自己的行为负责。能够对自己的行为负责的前提条件不仅仅是理性地进行自我控制，还有与他人进行话语交谈的能力。并不是所有的强迫都会使自由成为不可能，真正的元凶是没有公民民主监督的权力的任意行使。

　　相传神话中的英雄奥德修斯让他的同伴们把自己绑在船桅上，以抵制海妖的歌声。根据"消极"自由概念，在这种情况下他失去了自由。然而，根据佩蒂特的理论，他并没有失去自由，因为他的这种"不自由"的状态是他自己造成的。从佩蒂特的观点来看，是依赖关系削弱着我们的自由。这种依赖关系不仅存在于公民和国家之间，还存在于私人关系或职业关系中。

　　很多当代哲学家尝试在自由和正义之间建立联系。不仅国家的干预会威胁到自由，经济上的依赖以及社会的不平等也会威胁到自由。在某些情况下，自由并不是最重要的需求，比如，一个忍饥挨饿的人最迫切的需要是填饱肚子。

社会

我们怎样才能共同生活？

一直以来人类都和自己的同伴一起生活。然而这种共同生活的基础是什么呢？现代社会和中世纪以及古代的社会形式又有什么不同呢？

今天，社会学家将"社会"理解为一群相互影响的人的集合。本来这个概念仅仅意味着人们在空间上的聚集，后来也意味着人们为了一个确定的目的而联合在一起。亚里士多德一方面根据获取食物的方式，另一方面根据共同生活的组织方式（如家庭、村庄和城邦）来区分不同的社会形式。他将 koinonia 理解为一个公民的共同体，其中的公民都致力于共同的目标，即美好的生活。亚里士多德著名的对人的定义"人作为社会的、政治的存在"大概关涉到了社会和政治两个方面。然而，到了启蒙运动时期，"市民社会"才成为介于个人与国家之间的一个领域。社会的概念建立在契约模式的基础上。按照契约，公民将他们与生俱来的自由交付给集体。让－雅克·卢梭在他的《社会契约论》中发展出一种对这样的社会特别有效的模式。

社会学家和哲学家一次又一次地尝试将现代社会与传统的共同生活模式区分开来。到今天为止，在众多尝试中，最具影响力的是社会哲学家和经济学家斐迪南·滕尼斯（1855—1936）对"社群"和"社会"所做的区分。他将"社群"理解为基于所有人"默许"的、自发的和朴实的共存。与之相反，"社会"是指向一定目的的人为产物。社群聚集人，但社会离散人。然而，赫尔穆特·普莱斯纳反对他从滕尼斯等人那里看到的对社群的曲解。只有现代社会允许人们戴上面具和扮演角色，以保护自己免受他人的侵害——从而保护自己的尊严。

在城市的人口密集区，人们所面临的是越来越混杂的社会。在这样的社会中，人们必须找到和平共处的生活规则。所有人对此都怀有梦想。

公众 [2] （公共空间）

公众说什么？

公共空间是什么？为什么我们需要公共空间？今天，很多的哲学家认为公共空间是每一种民主能够发挥作用的基本条件。

2　根据汉语习惯，有时把 Oeffentlichkeit 翻译为"公众"，有时翻译为"公共空间"，有时两者都保留。——译者注。

"公众"有知情权。由于涉及公众各方利益，"公众意见"一般是多种多样的。我们在很多场合使用"公众"一词。但这个概念很复杂，可以有很多含义。我们可以将公共空间大体上理解为有些事情是众所周知的和对所有人开放的空间。大多数情况下我们将"公众的"的对立面称为"私人的"。但是，这个定义并没有体现出这个概念的政治维度。我们也将公共空间理解为一个社会空间，人们聚集其中讨论问题。为了保证公共空间的运转，必须存在自由媒体和信息源，据此，各种观点的表达能够不受干扰。

康德已经认识到公众（公共空间）的启蒙作用。在他的文章《什么是启蒙》中他写道："因此，单个人都很难摆脱几乎变成了自己天性的不成熟状态……，但公众是能进行自我启蒙的，是的，只要人们让公众自由，那么公众的自我启蒙几乎是不可避免的。"这里起决定性作用的就是对理性的普遍信仰，也就是说，如果能保障自由公开地讨论，那么理性在任何地方都能导向同样的认识。

尤尔根·哈贝马斯（1929）发表了一个有影响力的现代公共空间理论。对他而言，公共空间是一个调解政治体系和生活世界的"沟通网络"，它作为谐振空间和真相发现器发挥作用。根据哈贝马斯，公众意见澄明于一系列的言论及其反对言论。但这种"不被控制的"公共话语（商谈）只是理想状态。现实生活中往往不是这样的。在电视和互联网的时代，"公众意见"也可以被操纵。因此，人们必须一次又一次地重新追求发挥作用的民主的公共空间。

权力

谁说了算？

在政治、经济和日常生活中——人们到处都在运用权力对别人施压。对大多数人来说，这个概念有一种令人不快的余味。我们会想到对权力的欲望和对权力的滥用。然而，全世界都在争取权力或接受他人施加权力性影响力，例如老板、父母、联邦总理所施加的权力性影响力。如果没有权力的行使，我们可能根本无法共同生活。一个没有权力的世界可能是一个值得怀疑的乌托邦。

我们将权力（拉丁语：potentia）这一概念理解为产生某种效果的能力。第一个现代权力思想家是英国哲学家托马斯·霍布斯。在他的主要著作《利维坦》中，他将权力定义如下："一个人的权力在于他现在拥有的获得未来利益的手段。"从这个意义上说，对权力的无限追逐是推动人类社会发展的动力。然而，需要由国家来限制人们对权力的追求，因为如果不加限制，人们会相互争得头破血流。

汉娜·阿伦特甚至认为权力是政治活动的核心。权力能够加固共同体，它是政治制度的基础，属于"所有国家政体的本质"。然而，任何权力都需要合法性，它在其他共同体中必须得到同等程度的认可。非法的政治权力是独裁统治。

但权力不仅仅是政治权力。更概括地说，人们可以将权力定义为使他人做他本来不想做的事情的能力。社会学家马克斯·韦伯（1864—1920）在他的著作《经济与社会》中将权力定义为"在一个社会关系内部，压制反抗以实现个人意志的机会，而不管这一机会是基于什么的"。从这个意义上讲，父母对孩子也有权力，即使在爱情关系中，也往往存在权力差距。法国哲学家和历史学家米歇尔·福柯也不将权力简单地理解为政府权力。其实，权力来自四面八方，它渗透到我们所有的社会关系中，它是一种"战略游戏"，人们在这个游戏中试图领导、控制他人的行为。相反，他将权力技术称为"有机权力"，权力技术规范一个国家所有居民的行为，例如通过模范榜样或角色分配。这里，福柯没有对权力做任何消极的评价。事实上，可能并不存在"没有权力关系的社会"。然而，关键是对权力的控制，即"在权力游戏中以最少的导控进行游戏"。权力有良好的、生产性的一面，但前提是它不能在不受制约和监督的条件下运行。

民主

人民统治自己会更好吗？

民主是最好的政府形式吗？是什么使民主脱颖而出？我们对民主的现代理解的基础可以追溯到古希腊。

通过参加民主选举，公民参与其所在国家法律的制定变得可能。2012 年，流亡的利比亚人经过抗争 40 年后终于在柏林参加了利比亚的第一次议会选举。

在今天的西方世界，有一个广泛的共识：民主是最好和最值得追求的政府形式。民主与个人自由的理想密切相关。在一个民主的国家里，我们可以根据自身的价值和需求来决定我们想要如何生活。没有人将他的意志强加于我们。相反，我们甚至有机会参与法律的制定。

2 500 年前，亚里士多德在他的《政治学》一书中就强调，民主尤其要建立在自由原则上。在他看来，人并不像自然界的事件一样，在其行为中是被完全决定的。更确切地说，基于人的自由和理智，他可以在一个宪法的框架下自我立法，并照此行事。只要"统治和被统治轮流进行"并且"每个人都按照自己的意愿生活"，那么自由最终会在民主中得到最好的实现。

然而，令人惊讶的是，民主并不是亚里士多德最喜爱的统治形式，因为他认为进行统治的大众只会利用他们的权力获取自己的利益，而不是促进公共福利。他将优秀的大众统治称为"politie"，其中只有理性和谨慎的人施行统治。例如，官员应该通过选举产生，而不是像在公元前 5 世纪试验了民主的雅典那样由抽签决定。那些对亚里士多德来说已经显得过于激进的事物，在我们看来还够不上"真正的"民主，因为当时的民主是将妇女、奴隶和外乡人排除在外的。

正义

每个人怎么得到自己应得的东西？

什么是正义？正义与平等有什么关系？我们怎样才能实现社会正义？虽然哲学家对这些问题没有明确的答案。但他们的理论可以为政治和经济提供方向。

在大多数情况下，我们对正义的理解是，每个人得到他应得的东西，一样的事情应一样地对待，我们不受独裁者的摆布。今天，针对正义的问题我们更多想到的是社会状况、制度和法律，很少会想到人的品质。但是从古代到中世纪，正义主要被视为一种美德，被视为一个人值得称赞的性格特征。

柏拉图将智慧、勇敢、节制和正义列为四大美德。对他来说，正义甚至是最高的美德，因为它使其他的美德处于正确的关系中。对柏拉图来说，正义是一种内在的态度，这种态度让一个人去做他应该做的事情和与其能力相符的事情。亚里士多德也认为正义是包含所有其他美德的完美德行。但与柏拉图不同的是，他认为正义并不是抽象的精神理念，并且正义不是人天生就有的理念，而是从共同生活的需要中产生出来的东西。对他而言，正义的一种形式存在于合法的行为（一般正义）中，另一种形式以创造平等（特定正义）为目标。在特定正义中，亚里士多德一方面区分出了分配正义，另一方面区分出了交换正义以及"补偿"正义。分配正义涉及社会利益的分配，比如荣誉、职务或金钱。按照亚里士多德的观点，分配正义体现在按一定的比例进行分配，例如，两个人的工资必须与他们劳动的时间成正比。与之相似，交换正义要求成果与回报相符，补偿正义要求损失和补偿相符。所有这些都是塑造现代民法的原则。

然而，亚里士多德所要求的比例平等绝不总是正义的。这一原则（比

公正的社会不要求绝对的平等，但它
必须为穷人和病人等弱势群体提供追
求良好生活的可能性。

正义理念的背后是对平衡的设想，也就是成果和回报的相符。这由罗马正义女神的天平象征。她手中的剑代表着正义必须被保卫和贯彻执行。

例平等的原则）在很多问题上并不适用。人们并不能简单地仅仅按照付出的劳动时间来发放工资，因为人们还可以根据劳动的性质来发放工资。甚至在某些情况下，不平等也是合理的。这取决于人们以哪个正义原则为出发点：人们的需求是否重要？分配是取决于后天获取的权力，还是取决于创造的功绩？要说明为什么考虑人们的需求而不是他们的功绩或他们获得的权力是更正义的，并不容易。任何遵循"按照每个人自己的需要"来分配的人都面临这样一个问题：他们需要解释哪些需求是合理的，哪些不是。

因此，许多现代哲学家依靠"程序正义"的原则来避开正义概念内容上的难题。例如，迄今为止，美国道德哲学家约翰·罗尔斯（1921-2002）的正义理论很有影响力。罗尔斯不是简单地确定某种正义的标准，而是开发了一个思想实验，这个思想实验展示了人们如何以理性的方式达到这样的标准。其中心思想是，当社会成员在不偏私的条件下就社会秩序问题达成一致时，该社会秩序就是正义的。在一个虚构的原始状态中，理性的缔约方来确定社会应该如何运转的原则。然而，他们既不知道自己未来的社会地位，也不知道社会的权力关系，他们在"无知之幕"后面做决定。作为理性行为者，他们显然不可能搞出一个让一个群体劣于另一个群体的原则。毕竟，他们不知道自己是否将会属于这个劣势群体。因此，按照罗尔斯的观点，他们必须合理地就两个原则达成一致。第一个原则是确保所有人享有平等的基本自由。第二个原则分为两部分，一方面，任何再分配都必须确保机会均等；另一方面，每项再分配必须给在社会中获利最少的社会成员带来最大的相对好处（差异原则）。在有疑问的情况下前者优先于后者。在分配政策问题中，例如税收政策方面，罗尔斯的原则仍然为避免严重不公正事件的产生提供了重要方向。

批判

这里什么出错了?

众所周知,每个人都会批判。大多数情况下,我们并不喜欢被批判。
但批判到底是什么? 人们如何正确地进行批判?

今天,批判这个概念大多有负面含义。然而,为了发现不良发展或揭露错误观点,批判常常是十分必要的。 "批判"一词源于希腊语"kritike techne",即"判断艺术"。它基于动词"krinein", "krinein"的意思是"分离""分裂""判断"。批判(kritik)与危机(krise)是同源词,危机指的是一个至关重要的困难局面。柏拉图已经谈到了一种"批判性的"认知方式。人们可以批判看法、行为、态度、制度、社会状况等,也就是说人们所思、所说、所为或所创造的一切。然而,伊曼努尔·康德将批判理解为对一般理性的批判。他对理性的批判针对的是形而上学的教条主义,即反对"一个仅由概念而来的纯粹知识的断言(……)而对通达知识的方式和权限没有探究,仅靠理性孤身前行"。 将人从他的不成熟中解放出来的启蒙精神就承载着康德对理性的批判。

在启蒙运动的传统中也存在现代的哲学批判。它通常指向社会状况,致力于"扬弃现存世界中负面的东西"(黑格尔)。然而,在任何批判中,一方面,人们必须问自己,批判是根据哪个标准,即什么尺度进行的。"内在的"批判以被批判的对象本身为尺度,即以一个特定行为的目标或出发点为尺度。另一方面, "先验"批判是基于其他标准、理论和表象。例如在 1968 年运动中(首先是在德国)产生重大影响的 "批判理论"试图揭露维持统治的社会和文化机制。这一理论的"唯一目标"是"废除社会不公正"(马克斯·霍

许多艺术家认为批判性地反映社会不公和谴责社会不公是他们的任务，例如英国街头艺术家和涂鸦大师班克斯，他让人又爱又恨的涂鸦艺术（如在伯利恒这里）多年来引起人们的广泛关注。

克海默）。然而，对"批判理性主义"的代表卡尔·波普（1902—1994）来说，批判并不在于对一个问题的可能解决方案的捍卫，而在于试图对它们进行反驳。从这个角度出发，任何"批判"也应该是自我批判。这意味着不断质疑自己。

历史

过去有什么教益?

历史有意义吗? 历史追求更高的目标吗? 对历史发展存在规律的信仰已经在哲学家中失去信誉。

历史哲学的根源在于犹太 – 基督教的从上帝创世到末日审判的救赎史。在这种背景下, 教父哲学家奥古斯丁将历史视为尘世国与 "神治国" 之间的一场戏剧: 当尘世国被邪恶力量统治时, "神治国" 就在虔诚的基督徒中现身。在启蒙运动中, 人类自己才成为历史的主体。现代历史哲学首先是一种进步哲学, 这种哲学的出发点是人类持续地向更高阶段发展。在德国唯心主义的鼎盛时期, 黑格尔将历史本身视为精神自我发展的过程: "世界历史是自由意识的进展——是自由意识在必然性中的进步。" 根据黑格尔的观点, 通过塑造世界, 以及在辩证的过程中获得越来越高层次的自我认知, 精神在历史的发展中得以体现。后来, 卡尔·马克思和弗里德里希·恩格斯 (1820—1895) 将黑格尔的历史辩证法 "颠倒" 了过来。根据他们的 "历史唯物主义" 观点, 驱动历史的不是精神, 而是社会的经济发展。对他们来说, 历史是一个充满矛盾的过程, 在这个过程中, 不同的阶级为了获得对生产资料的控制而进行斗争。这些内部矛盾最终会导致资本主义的垮台, 最后在社会主义中所有阶级差异都被扬弃。后现代哲学家让 – 弗朗索瓦·利奥塔 (1924—1998) 宣称 "宏大叙事的终结", 这里的终结也包括黑格尔的体系和马克思主义。然而, 人们不能像美国政治学家弗朗西斯·福山 (1952) 在法西斯主义的极权制度结束时所做的那样, 谈论 "历史的终结"。近年来的全球冲突清楚地表明了这一点。

《历史哲学讲演录》，1837

世界历史是自由意识的进
展——是自由意识在必然性中的
进步。

——黑格尔

革命

世界是如何发生改变的？

人类历史上有很多成功和失败的革命。但并非每一场革命都是暴力的。革命也可以意味着全新的思想。

革命指的是通过武力或和平手段对此前的政治或社会关系施行的突然的、根本性的改变。在欧洲，首先是法国大革命对革命这个概念有持续的影响。1789 年 7 月 14 日巴黎人民攻占巴士底狱的摧毁了平民心目中压迫的象征，掀开了轰轰烈烈的法国大革命的序幕。

哲学家汉娜·阿伦特在 1963 年写道，任何合法革命的唯一目标就是自由。垄断的权力被推翻，因为它阻碍了公民的自由。革命承载着改变之后出现一个更美好世界的希望。革命实施的难度不仅仅在法国大革命这个著名例子中得到体现：君主垮台之后，随之而来的是恐怖统治。所谓的阿拉伯之春的后果在某种程度上是灾难性的，甚至在 1989—1990 年民主德国的和平革命之后也出现了许多不公正现象。根据阿伦特的说法，当革命的焦点从共同利益转向革命者的私人利益时，就会发生上述情况。

在日常语言使用中，人们也将事实上或宣称中引起巨大变化的技术发明或精神潮流称为"革命"。因此，汽车、剃须刀或大企业对妇女保护的决定都可以被称为"革命的"。尽管革命这个词的使用标准降低了，但它仍然具有吸引力，因为它表达着乌托邦的幻想，即一切都可以是另外一种样子。根据阿伦特的说法，在革命中得以表达的是人类重新开始的能力。

西班牙哲学家奥尔特加·伊·加塞特（1883—1955）说："革命不是障碍，革命是精神状态。"他据此提醒我们，一方面，改变是从一个人的头脑中开始的；另一方面，在思维领域里，不仅一切都是被允许的，而且一切也都是可能的。如果不是一些人有勇气去彻底不同地、全新地思考，那么就不可能有大大小小的改变。

战争

我们怎样创造和平？

战争给世界带来了不可估量的灾难。战争杀死了男人、女人和孩子，摧毁了整片土地，使人陷入苦难。仅在 20 世纪就有 2 亿人死于战争和种族灭绝。

战争和道德似乎是不相容的。人们有义务不去杀害别人。然而，对于战争的哲学辩护却有很长的历史。教父哲学家奥古斯丁虽然认为战争是邪恶的，但他也认为战争有时也是必要的。他是发展"正义战争"理念的第一人，正义战争应该与基督教道德相容，"人们对正义战争的理解通常是：惩罚某个民族或公民团体，当他们（……）不去对由他们自己人所犯下的不义之举进行惩罚，或者当他们拒不归还用不正当手段取得的东西时"。换句话说，可以发动战争来惩罚其他国家的毁坏正义的行为。此外，奥古斯丁认为，只有战争最终以和平为目标，那么战争才是合理的。然而，正义战争的学说是基于一种前现代的道德观念。直到启蒙运动时期，启蒙运动者才开始坚决地反对战争。伊曼努尔·康德在他的《道德形而上学基础》中写道："现在道德实践理性在我们内心表达了其不可抗拒的否决权：不应该有战争（……），因为战争不是个人寻求自己权利的合理方式。"根据康德的绝对命令，国家间有义务保持一个通过契约而确定下来的和平状态。从这儿衍生出一个问题，即是否每种形式的暴力从根本上说都是非法的。保护平民是一切战争伦理的核心。即使战争是合理的，但为了实现战争目标，杀死无辜的人民也是不合理的。

看一看 1945 年几乎被彻底毁坏的德累斯顿，人们就会明
白，战争到底能带来多大的灾难。单单在第二次世界大
战中就有超过 6 000 万人死亡。

进步

一切都会变得越来越好吗？

什么是进步？它存在吗？我们需要它吗？我们将经济、技术、教育和生活水平上取得的成就和进步联系在一起。几乎没有另外一个理念如此深刻地影响着现代西方的世界观。

那些相信进步的人会坚信，事情将会变得更好。我们将进步理解为积极的、值得追求的发展。我们今天的进步观念可以追溯到 17 和 18 世纪的启蒙运动。在现代科学成就的鼓舞下，那时形成了这样的理念：人类的知识没有止境，它们会持续向前发展。例如，法国哲学家和政治家马奎斯·孔多塞（1743—1794）相信人类文化会持续地向更高级的阶段发展。然而，这种进步理论会面临一个难题，即如何解释衰落，例如罗马帝国的衰败。黑格尔解决了这个问题，他甚至将这些危机视为进步的动力。他将世界历史理解为一个矛盾的、辩证的过程，在这个过程中，精神自行展开。据此，甚至战争和其他悲剧也有更高的——好的——目的。另一方面，从让-雅克·卢梭到阿图尔·叔本华再到西格蒙德·弗洛伊德，这些文化悲观主义者将整个现代文明史视为衰落史。

今天，很多人不再去问进步是否存在，而是去问进步到底是否值得追求，以及进步指向哪里。进步所涉及的可能不再是经济的增长和越来越高效的技术，而是社会-生态的进步。

当尼尔·阿姆斯特朗成为登上月球的第一人时,就有了"一个人的一小步,却是人类的一大步"的说法。从蒸汽机的发明到宇宙航行再到数字化,技术进步长期以来得到的都是正面评价。但现在这一情况正在发生变化。

文化

我们创造了什么？

文化塑造着世界和我们自己。它为我们提供方向。然而，世界上不是仅仅存在一种文化，而是有很多种不同的文化。在文化的多样性中蕴含的不仅有发生冲突的危险，也有交流和互相丰富的机遇。

《蒙娜丽莎》属于当今世界伟大的文化瑰宝。每天都有成千上万的游客来到巴黎卢浮宫观赏它——它的艺术价值跨越各种文化，到处得到珍视。

提到"文化"这一概念，与之相连的不仅有戏剧、文学、音乐或艺术，而且也有某种生活方式和社会实践，如时尚或饮食文化。与此同时，我们经常会想到那些在宗教和风土人情方面与我们有差异的外国文化。在文化概念如今成了热烈的社会辩论的焦点。

广义上的文化从根本上讲意味着人类创造出来的一切，与此同时，这个概念也指称人类塑造自己和世界的能力。这个词源自拉丁文的"cultura"，实际上意为"农业"。与此同时，该术语具有宗教含义，正如"kult"（礼拜，祭礼）一词所示。

哲学家始终将文化理解为人类所特有的东西，即人类对大自然的超越。因此，启蒙者在文化中看到了应当对人施以符合理性的教育。只有让－雅克·卢梭认为文化教育是一个衰退的过程，它使人们离他快乐的自然状态越来越远。伊曼努尔·康德将文化定义为"一个理性存在者为了任意一个目的（因此是在他的自由中）所进行的适合自己能力的生产"。因此，文化是自然的理性能力的发展，这种理性能力是作为自由存在的人所具备的——因而是自然的"最终目的"。对黑格尔而言，文化同样是教育过程的一部分，在这个过程中，精神得到了发展。浪漫主义者赫尔德（1706—1763）将文化理解为一个民族的生活方式，同时也是过程化的东西，即将其视为不断进步的人性化和文明化。在这个过程中，形成了不同的文化身份认同。在他那里，

> **❝** 《反纯粹理性：论宗教、语言和历史文选》
>
> 人性是所有通过人类的努力所得到的财富和成果，它好像我们人类这个种属的艺术。
>
> ——约翰·哥特弗雷德·赫尔德

包括传统服饰、舞蹈和风俗在内的巴伐利亚民间文化因其独特性而闻名于世。直到今天它仍然在这个德国联邦州的居民之间产生着强大的凝聚力。

多样性的文化第一次取代了统一的"人类文化"。

人类学导向的哲学家一直强调文化有平衡人类天性中缺陷的功能。根据阿尔诺德·盖伦(1904—1976)的观点，人类作为一种"有缺陷的存在"依赖于文化，好像是为了创造一种"第二自然"。只有文化才使人能够发展出一种反身的自我距离。赫尔穆特·普莱斯纳也认为，作为已经存在的现实，文化能创造意义。

然而，现代哲学家也批判性地审视文化。社会学家和哲学家格奥尔格·齐美尔（1885—1918）甚至在文化中看到了"巨大的、持续的悲剧"。按照齐美尔的观点，人类需要文化，然而人类不再能够掌控他所创造的丰富的文化成就，个人的"文化修养"落后于文化的发展。人异化于文化，主、客观精神分离。文化发展自人类的生命活力，现在这种活力却没有了。同样，狄奥多·阿多诺（1903—1969）也认为，物化的文化与人类主体失去了联系。

正如赫尔德谈到的那样，不仅仅有一种文化，而是存在很多不同的文化。作为不同的阐释体系，文化之间也可能相互冲突。然而，多文化交流主要强调不同文化之间的交流过程。由德国哲学家沃尔夫冈·韦尔施（1946）发展的"跨文化"模式是基于这样一种论点，即在不同文化的相遇中，文化之间的边界可能会变得模糊或者消失。据此，跨文化的概念与多元文化社会划清了界限。在多元文化社会中，各种文化和种族群体都可以存在，他们不会受到同化的压力。而在加纳长大的英国哲学家安东尼·奎迈·阿皮亚（1954）立足于世界公民，则将世界主义理解为"普遍性＋差异性"。他认为，文化差异应该得到尊重，但必须在它们不对人们造成伤害、不违背普遍价值观的前提下。无论文化多么不同，每一种文化都应该最终旨在使我们变得更加人道一些。因为不人道的文化不是文化，而是野蛮。

禁忌

什么是被禁止的？到底为什么被禁止？

为什么人们对一些事情闭口不谈？每个人肯定都听过这样的说法：一些事情是"绝对禁忌"。据此，每一个相关的讨论都被扼杀在摇篮里。

    "禁忌"一词源于波利尼西亚，最初描绘的是那些神圣的、不可侵犯的东西。禁忌取决于文化，人们只能从禁忌所处的社会语境中来理解它们。直到几十年前，在西方社会中，裸体和性仍然属于禁忌的领域，然而一些土著民族在公共场合裸体一直以来都是正常的。虽然根据定义，禁忌与宗教戒律有所区别，但许多社会的禁忌都与宗教有关，例如伊斯兰教广为流传的禁止为先知画像的禁忌，以及印度教禁止教徒杀牛和吃牛的禁忌。一般而言，禁忌是社会规则，它们就这样存在着，将人类生活中的某些领域排除在外，并将其封锁起来。禁忌不被追问。即便是想到禁忌的内容也是不允许的。现在，人们可能会认为这样的教条主义不适合今天已启蒙的社会。我们今天的规则要宽松得多，人们可以公开谈论性，发表关于人类排泄物的书籍，或者将教皇画入漫画。"打破禁忌"几乎已经成为一种时尚，因此几乎不再被视为禁忌。尽管如此，像以前一样，禁忌还是存在的——它们只是改变了内容。例如，乱伦或死亡是一种现代禁忌。像"不谈钱"这样的习俗也是禁忌的形式。哲学家、经济学家约翰·穆勒是这样看待这个问题：禁忌通过其不可侵犯性来阻止公开讨论。针对"人们可以谈论什么"的问题，穆勒有一个明确的答案——人们可以谈论一切。因为如果某些事情甚至没有进入谈论范围的可能，并一直保持不被追问的状态，那么一个社会就错过了审视自己的信念并且在其错误的情况下对其进行纠正的机会。把某些东西当成禁忌也改变不了其存在的事实。禁忌应该完全被取缔吗？或者存在一些禁忌值得被保留的领域？

国家

什么人用什么法律进行统治?

什么是国家? 国家的合法性基于什么? 我们对国家的现代理解的基础来自 17 世纪和 18 世纪的哲学家。

没有国家就没有公共基础设施,就没有法律和教育机构,也没有社会保障体系。然而,今天许多人都对国家持批判态度。有些人要求更多的发言权,其他人则反对国家的干预和专制。

一个国家通常被理解为一个依法组织起来的社会团体,在一个特定的区域里进行主权统治。世界上存在着国家,并且我们作为公民属于这些国家。今天,这一现象对我们来说好像是自然而然的。但在古代,哲学家就在思考,国家到底是如何产生的,它们的目的是什么以及它们的合法性基础是什么。对于柏拉图而言,国家秩序在神公义的理念中得以建立,人类的灵魂分有这种公义。他将理想的国家设想为一个有机体,每个人都在其中做自己最擅长的事情。这样一个国家应该由哲学家统治。与之相反,对亚里士多德而言,国家不是神的理性的产物,而是那些在有用和正义问题上达成一致的人的作品。国家应该服务于人的能力的实现 ——从而实现幸福意义上的美好生活。

英国哲学家托马斯·霍布斯是现代国家理论的创始人之一。在他划时代的作品《利维坦》中,他将国家描述为一台强大的机器。他的理论的出发点是一个虚构的自然状态,其中没有国家存在。在这种自然状态下,人们追求自我保存和权力,每个人都可以杀死任何一个人——在自然状态下笼罩着"所有人对所有人的战争"。但作为理性存在,人们最终会认识到这种自然状态有许多缺点。最后,他们决定放弃天赋的"要求一切的权利",并以契约的形式将这一权利让渡给国家的强制权力。这种放弃最终导致了对国家的彻底

Non est potestas Super Terram quæ Comparetur ei Iob. 41. 24.

国家的本质在于主权统治。英国哲学家托马斯·霍布斯用他的著作《利维坦》创造了现代国家理论的基础，根据该理论，国家建立在与公民的契约基础之上。

授权——统治者可以做任何事情，他不需要对任何事情进行解释，他进行绝对统治。

约翰·洛克的国家理论也以一种自然状态作为出发点。根据他的说法，在这种自然状态下，人们就要求对自由和私有财产进行保护，在他们当中已经存在遵守协定的义务。但是，此时还缺乏惩罚违规行为的制裁力量。这最终促使人们建立一个能够保障自由和私有财产的国家。根据洛克的说法，国家的建立需要所有人的明确赞同。一开始是"原始契约"，人们在原始契约中将他们的一部分权利让渡给国家。作为回报，他们获得政治参与权。政府具有受托管理人的身份，因此有义务保护人民的利益。除孟德斯鸠（1689—1755）外，洛克也是立法权和行政权分立理念的创始人之一，他将君主立宪制视为理想的政体，君主立宪制中立法权属于议会，议会是通过民众选举产生的。根据洛克，如果政府破坏了公民对他们的信任，公民也有权对政府进行抵制。洛克关于国家的设想今天仍然是自由宪政国家的基本模式——在本质上，国家应该确保公民自由和私有财产得到保障，并在很大程度上进行自我克制。福利国家的想法对洛克来说是陌生的。

作为洛克模型的替代品，法国哲学家让－雅克·卢梭提出了另一种可能性——社会

英国被认为是现代民主的发源地。虽然官方正式的政体是君主立宪制，但皇室权力仅限于代表性的和仪式性的功能。

契约的理念。社会契约保护所有人的权利，同时保证他们的自由。在这种模式中，人民是主权者。在彻底的基础民主的意义上，人民自己为自己制定法律。这种统治的合法性基于"公意"，即公民的共同利益。法律必须符合公意，目的是确保所有人的利益。如果政府不再符合这一公意，它也可以被人民罢免。然而，这个公意并不是公民意愿的总和，它更多的是一种形而上学的存在。根据卢梭，只要每一位公民在意愿中以公共福利为导向，他就会在公意中重新发现自己。但是，这个"公意"究竟应该是什么？这一问题的答案并不明了。卢梭的理论中没有明确的权力分立，公民反对国家干预的权利也没有涉及。相反，公民必须完全交出他们的权利。直到今天，卢梭的政治哲学仍然存在争议。虽然有些人认为卢梭是一个革命者，但其他人认为他是极权主义的先驱。今天我们知道，即使是最好的国家也需要不断受到公民的监督。

技术

机器有多大的威力？

技术在决定我们的日常生活舒适程度方面发挥着越来越大的作用。它只是实现目的的中性手段，还是在操纵和控制着我们？

现代技术不仅扩展了许多人类的能力，而且还取代了许多人类的能力——如心算、快速反应或协调运动。

　　技术使我们的生活更加轻松，它是创新和经济增长的引擎。但与此同时，许多人对技术进步感到不安。新技术不仅越来越多地取代人，它们也被用于监测和控制人。在原初意义上人们将"技术"（希腊语 technikos，"人造的"）理解为对天然材料及其产品的塑造和开发活动。长期以来，技术主要被视为改变和改善自然的工具。西班牙哲学家加塞特将技术定义为，为确保人类存活而进行的对"自然的改革"。通过技术，人类让自然和自己的需求相适应。从这个意义上说，技术是一项文化成就。通过为我们节省精力，技术给予人类进一步发展自身的自由。德国技术哲学家恩斯特·卡普（1808—1896）甚至将技术产品视为"器官投影"。例如，锤子只不过是一个进化了的人类拳头，望远镜是眼睛的延伸，卡普还认为四处蔓延的电报通信类似于人类的神经系统。

　　然而工业革命时期就已经出现对机械化的反对声音，人们认为机械化是导致工资和劳动条件恶化的原因。在 20 世纪，技术成了文明批判的对象，许多人认为技术进步是文明衰落的原因。马丁·海德格尔对技术的批判特别有影响力。他说，技术的本质是"非技术性的东西"。技术不仅仅是达到目的的手段，而且更多的是"去蔽的方式"，海德格尔将其理解为一种"把……产出"或"让……显现"。从这个意义上说，技术与真理有关。但现代技术挑战自然，通过试图统治自然的方式"摆置"自然于去蔽的状态。因此，海

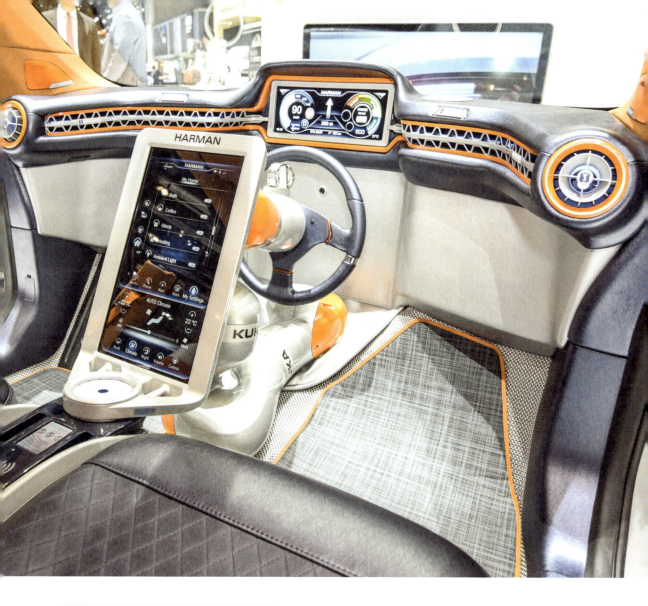

德格尔将现代技术的本质称为"座架"。这个"座架"
现在却隐藏了人们通向真理的通道，因为它将存在者
减缩成单纯的资源。因此，现代技术，其计算着和计
划着的思维，使我们异化于存在。

海德格尔式对技术的彻底批判在今天又一次获得
共鸣。在计算机和算法的时代，似乎技术思维——以
及海德格尔所谓的"座架"得到贯彻。但是，这种技
术批判缺乏区分好的和可能存在危险的技术形式的方
法。今天，我们比以往任何时候都需要这种差异化的
技术批判。

劳动

是自我实现还是达成目的的手段?

劳动只是达成目的的手段,还是我们进行自我实现的手段?一直以来,哲学家轻视劳动,然而一份好的工作也为好的生活提供保障。

很长一段时间,劳动主要被视为艰辛和折磨。今天,它经常服务于自我实现。例如,兽医被许多人视为"梦想职业"。

劳动没有良好的声誉。据说,劳动让我们生病,把我们累垮,阻碍我们过真正想过的生活。"劳动"这个词本身在很多语言中都"被判了刑"。日耳曼语中的"arbeit"意味着"辛苦""贫困"和"长时间的劳累"。在中世纪中期,法语中的"travailler"意味着"拷打"或"折磨",而斯拉夫语中的词语"robota"最初意味着农奴必须为他的主人完成的强迫性劳动。哲学上对劳动的蔑视由来已久,从亚里士多德到汉娜·阿伦特再到尤尔根·哈贝马斯(1929),对劳动的轻视一直都存在。亚里士多德甚至认为劳动妨碍人们过有道德的生活,因为它剥夺了人们必要的闲暇。在希腊社会,只有政治、戏剧和艺术等非经济活动受到重视。劳动是奴隶干的事。根据亚里士多德的说法,理想的国家应该将那些靠劳动谋生的人排除在拥有公民权的公民之外。

基督教提升了劳动的价值。劳动被视为上帝创世工作的延续,因此被视为对上帝的礼拜。因此,劳动在中世纪的修道院生活中发挥了核心作用。许多修道院运动(如本笃会或西妥教团)把遵守祈祷和劳动(ora et labora)的规定当作自己的义务。宗教改革家马丁·路德也反对闲散,他认为劳动是一项信仰义务。社会学家马克斯·韦伯后来提出了这样一个论点,即"资本主义精神"建立在一种植根于新教的在此岸世界的苦行基础之上。为此,他创造了"新教职业伦理"这个词,直至今日这个概念还解释着北欧和南欧之间的繁荣差距。

受基督教观点和工业化开端的影响，18 世纪和 19 世纪的哲学家对劳动的看法也比亚里士多德更加积极。黑格尔认为劳动是"物化"，我们通过物化来产生自己。劳动塑造外部世界，同时也塑造我们自身。但这并不意味着孤立的自我实现。相反，对黑格尔来说劳动更多地发生在社会关系中，它服务于人们需要的相互满足。我们通过劳动体验到的社会承认就建立在这种交互关系上。

但早期资本主义及其不人道的劳动条件为劳动招致了新的批判。黑格尔就已经注意到工厂里使人麻木的劳动只为他人的财富服务。但直到卡尔·马克思才从中得到了革命性的结论。虽然他认为劳动是"永恒的自然必需"，但在资本主义条件下，工人无法控制他们的生产资料，因此，他们不仅异化于他们劳动的产品，而且异化于劳动本身。

一般而言，哲学上的劳动理论可以根据"工具性"和"表现性"的方法加以区分。根据起源于亚里士多德的工具性模式，劳动只是达到目的的手段，我们劳动是为了生产物品和保证我们的生存。然而，这种目的 - 手段逻辑和我们对美好生活的需求相违背。根据表现性模式，正如黑格尔和马克思所揭示的那样，劳动具有存在于劳动本身的内在价值。在劳动中我们实现自我，我们是我们所做的。

汉娜·阿伦特在她的《积极的生活》（1960）一书中分析了劳动在现代工业社会中扮演的角色。她立足于亚里士多德的传统，区分了三种基本的人类活动：劳动、工作和行动。首先，劳动确保我们的存活，从而确保种属的延续。其次，工作创造事物，生产持久和稳定的东西。但工作也将人类活动简化为达到目的的手段。最后，只有在言语和行动中，真正的人类存在才体现出来。但是在历史进程中，行动这一领域却一再受到遏制。人作为"劳动的动物"被普遍地接受。最终，在现代大众社会中，一切都与生产力和消费

大多数人都必须为谋生而劳动。尤其是在新兴和发展中国家，例如印度尼西亚。直到今天，有失体面的劳动条件仍然随处可见。

者需求的满足有关。社会转变为"打工者"的社会。像亚里士多德一样，阿伦特也区分为了存活而必需的劳动和具有真正的、更高的生活目的的行动，即我们只能在劳动之外实现的、由理性所主导的行动。与阿伦特一样，尤尔根·哈贝马斯也在劳动和行动之间做出了严格的区分。他将劳动理解为一种禁锢在目的－手段－关系中的工具性的行动。行动，即通过语言促成的互动，只能在劳动之外的政治活动中实现。这种"工具性的"视角使劳动失去价值，但并没有解释为什么劳动也会给我们带来乐趣。相反，"表达性的"视角忽视了劳动的确是达到目的的手段。我们劳动，不仅是为了自我实现，也是为了赚钱。我们要想过上好的生活，两个方面都需要。

金钱

我们为什么可以支付?

从汽车到博士头衔,今天人们几乎可以用钱买到任何东西,然而金钱也可能使我们异化于世界。

有人说,"金钱统治着世界"。金钱从来没有像今天这么强大过。它渗透到几乎所有的生活领域,它塑造着我们的社会,指挥着我们的行为。许多人对金钱的力量感到不安,也对使金钱增长成为目的本身的经济体系感到不安。

大多数当代经济学家主要将货币视为支付和交换的手段。事实上,金钱经历了一个漫长的抽象过程——从原始的商品货币(由自然界的物品或珠宝首饰组成)到今天的转账货币(从账户到账户之间进行的非现金转移)。亚里士多德已经认识到金钱本身并不具有价值,它是通过人类的规则,即法律获得价值,"因为我们有能力改变它或使其变得不再有用"。对他而言,金钱是一种交换媒介,使商品之间的比较成为可能的媒介,"没有这样的折算,就没有交换,也就没有共同体"。然而,对他来说,商贸交换只应该服务于生活必需品的供给。"贪得无厌的获利技术"是遭到亚里士多德拒绝的。

哲学家和社会学家格奥尔格·齐美尔将货币经济视为现代的标志。 在他的《货币哲学》中,他分析了货币如何成了现代社会的普遍价值标准。根据齐美尔的观点,随着用货币代替物物交换,数量较之于质量占了上风。此外,所有差异都趋于消失——有价值的只是最终可以用金钱来表达的东西。现代货币经济创造了自由,因为它使人们摆脱了传统上所依赖的东西。但与此同时,它掏空事物对于我们的价值。齐美尔以一位出售土地的农民为例解

过去人们进行物物交换，今天我们使
用电子货币。这一切能够运行，只是
因为我们接受抽象价值，例如用银行
账户余额作为我们现实财产的代理。

释了这一点，他出售了土地，从而失去了"个人活动
的可靠对象"。齐美尔的研究结果今天仍然有效——
金钱虽然可以帮助我们满足需求，但它也可以使我们
异化于世界。

乌托邦

我们想要一个什么样的未来？

什么是乌托邦？为什么我们需要它？古往今来，哲学家一直都对未来有着积极的设想——这些设想大多是异于不愉快的现实的设计。

谁不想生活在一个不需要劳动，但生活很富足，每个人都可以发展自己能力的社会中？许多人说这是"乌托邦"——而且这个概念往往意味着一种不切实际的幻想。"乌托邦"一般意味着对未来的积极愿景。这种对更好、更值得追求的社会的设计可以追溯到古代，并且它总是与对当时社会状况的批判相联系。社会学家卡尔·曼海姆（1893—1947）将乌托邦定义为"和其周遭存在不相协调的意识"。

柏拉图发展出了哲学史上影响力最大的乌托邦。在他的《理想国》中，他首先描述了从一个城市到一个繁荣的共同体的上升。但是"想要得到更多"的贪念会导致道德沦丧，最终导致崩溃。为了纠正这样的不良发展，理性应当在每个公民的灵魂以及国家中接管统治权。根据柏拉图，当每个社会等级和每个灵魂的部分都各就其位，也就是说，都在做最适合它们的事情的时候，正义就存在。哲学家们接管统治权，因为只有他们才能洞见至善。由于他们只对真相感兴趣，所以柏拉图认为他们是不可收买的。然而，柏拉图本人也认为他的理想国是不现实的。根据柏拉图的观点，理想国的实现取决于神意。

1516 年，英国哲学家托马斯·莫尔（1478—1535）发明了一个名为"乌托邦"的岛屿共和国，在这个共和国中既没有私有财产，也没有贫穷。乌托邦国家的目的是为所有公民提供尽可能多的自由和时间来发展他们的精神——从而使他们获得幸福。与在许多社会乌托邦里一样，共同利益优先于

在虚构的乌托邦岛上，没有私人财产也没有劳动。在英国哲学家托马斯·莫尔的社会乌托邦中，共同利益优先于个人利益（第一版的标题木刻，1516）。

个人利益。然而，代价是国家控制私人生活。

　　英国哲学家弗朗西斯·培根发展了另外一种乌托邦。在其著作《新亚特兰蒂斯》中，他描述了一个名为本萨勒姆的与世隔绝的岛屿共和国。在这个国家里，人们通过科学和技术获得了控制大自然的力量——这是一个现代进步乐观主义的极具影响力的乌托邦。但社会乌托邦因其随意性一次又一次地受到批判。马克思和恩格斯已经与"空想社会主义者"的理念保持了距离，例如，他们将克劳德·昂利·圣西门（1760—1825）的思想视为"不科学的"。奥地利－英国哲学家卡尔·波普甚至在乌托邦思想中看到了极权主义的危险倾向。尽管如此，有时候我们需要超越既存事物的设计——正如恩斯特·布洛赫（1885　1977）所写的那样，"呼唤那不存在的事物"，只要我们不去相信明天乌托邦就会实现就好。

哲学家生平简介

◇◇◇◇◇◇◇◇◇◇◇◇◇◇◇◇◇◇◇◇◇◇◇◇◇

西奥多·阿多诺，原名西奥多·路德维希·维森格伦特，1903 年 9 月 11 日出生于美因河畔的法兰克福。他的父亲从犹太教改信新教，从事葡萄酒的批发生意，他的母亲是一个成功的女歌手。阿多诺移民美国，但于 1949 年返回法兰克福，并在那里和霍克海默一起领导"社会科学研究所"。阿多诺和霍克海默共同创立了具有社会文化批判性的"法兰克福学派"，同时他也是一位音乐理论家和作曲家。阿多诺于 1969 年 8 月 6 日去世。

主要作品：《启蒙辩证法》（1947，与马克斯·霍克海默合著）、《否定辩证法》（1966）、《美学理论》（1970）

汉娜·阿伦特，1906 年 10 月 14 日出生在汉诺威。她曾是马丁·海德格尔的学生和一段时间的情人。1933 年，由于其犹太血统，阿伦特必须流亡。她先去了法国，1940 年她前往美国。她在美国的芝加哥和纽约任职教授。其间，她探究了极权主义的历史根源，并发展出人类行动理论。阿伦特于 1975 年 12 月 4 日去世。

主要作品：《极权统治的元素和起源》（1951）、《积极生活》（或《行动的生命》）（1958 年）、《艾希曼在耶路撒冷》（1963）

亚里士多德，公元前 384 年出生在斯塔基拉。他是柏拉图的学生和柏拉图学院的成员。后来，马其顿国王菲力二世聘请亚里士多德担任他儿子亚历山大的家庭教师。亚里士多德创立了众多的哲学和自然科学原理。他的思想影响了中世纪基督教的经院哲学，也影响了阿拉伯及波斯的哲学家们。在亚历山大大帝去世后，亚里士多德被迫逃往哈尔基斯。亚里士多德于公元前 322 年去世。

主要作品：《尼各马可伦理学》《形而上学》《政治学》

奥古斯丁，354 年 1 月 13 日出生在塔加斯（努米底亚）。他学习古典文学和修辞学，并曾被派往米兰，成为帝国的修辞学教师。在那里，他皈依了基督教，成为一名牧师，最后当了主教。奥古斯丁被认为是基督教早期最重要的教父和哲学家。在他的《忏悔录》中，他叙述了他的信仰之路，在他的《上帝之城》中，他构建出一个有影响力的历史神学。430 年 8 月 28 日，奥古斯丁在现在阿尔及利亚的希波里吉诃去世。

主要作品：《忏悔录》（398）、《上帝之城》（426）、《论基督教教义》（397）

西蒙娜・德・波伏娃，1908 年 1 月 9 日出生在巴黎。她最初是一名教师，1943 年她开始当自由作家。她的伴侣让－保罗・萨特对她的一生产生过重大影响。波伏娃是至今最有影响力的女性主义理论家之一。在《第二性》中，她探究了女性是如何通过既存的规范和角色把依附性内化于自身的。波伏娃于 1986 年 4 月 14 日去世。

主要作品：《第二性》（1949）、《端方淑女》（1958）、《永别的仪式》（1981）

杰瑞米・边沁，1748 年 1 月 15 日出生在伦敦。他受到包括大卫・休谟、约翰・洛克和亚当・斯密的影响。在他的著作中，他主张国家及社会的改革。边沁被认为是功利主义的创立者之一。功利主义是一种哲学流派，这一流派根据功利原则来判断各种行为。在他的代表作《道德和立法原理导论》中，他制定出幸福最大化的伦理原则。1832 年 6 月 6 日，边沁在伦敦去世。

主要作品：《道德与立法原理导论》（1789）、《立法原理》（1786）

乔治・贝克莱，1685 年 3 月 12 日出生在底热特城堡（爱尔兰）。贝克莱曾在都柏林的三一学院学习。他是一名哲学家和神学家。1729 年到 1731 年，他试图在百慕大群岛建立一个传教中心。1734 年，在他返回英国后，被任命为克洛因的主教。在他的著作中，贝克莱试图反驳外部世界不依赖于意识的哲学观点。1753 年 1 月 14 日，贝克莱在牛津去世。

主要作品：《人类知识原理》（1710）、《海拉斯和斐洛诺斯的对话三篇》（1713）、《哲学日记》

朱迪斯・巴特勒，1956 年 2 月 24 日出生在克利夫兰（美国的俄亥俄州）。她来自一个犹太家庭，在一所犹太学校上学。巴特勒是加利福尼亚大学伯克利分校的修辞学和比较文学的教授。在哲学史上她被归入后结构主义，她被视为性别和酷儿理论最重要的思想领袖之一。巴特勒以其 1990 年出版的著作《性别麻烦》而声名大噪。在这本书中，她提出性别的"操演"模式，根据这一模式，"男性"和"女性"的类别是通过一再重复被确立的。

主要作品：《性别麻烦》（1990）、《身体之重》（1993）、《性别规范的力量》（2004）

唐纳德・戴维森，1917 年 3 月 6 日出生在斯普林菲尔德（美国的马萨诸塞州）。他毕业于哈佛大学，他最初以演员的身份亮相，与伦纳德・伯恩斯坦合写过小歌剧。戴维森还在斯坦福大学和普林斯顿大学任教过。他是威拉德·冯·奥曼·蒯因的学生，戴维森被视为分析哲学的重要代表。另外，他对语言哲学、行动理论以及心灵哲学做出过开创性的贡献。2003 年 8 月 30 日，戴维森在伯克利去世。

主要作品：《行动与事件》（1980）、《对真理和解释的探讨》（1984）、《主观的神话·哲学随笔》（1993）

德谟克利特，约公元前 460 年出生于色雷斯的阿布德拉。他曾前往巴比伦和埃及旅行。在他的著作中，只有一些断片尚存。德谟克利特属于前苏格拉底时期最重要的哲学家。他是唯物主义哲学家和原子唯物论学说的创始人。他这样来解释世界的多样性：一切事物是由无数的不可分割的单位（原子）构成的，它们相异的排序是事物差异化的缘由。德谟克利特去世于公元前 380～前 370 年。

勒内·笛卡尔，1596 年 3 月 31 日出生在拉海（法国）。他来自一个古老的贵族家庭，曾在拉弗雷切的耶稣会学院受过教育。笛卡尔被认为是现代理性主义的开创者。他因"我思故我在"这一建立在方法论的怀疑之上的洞见而闻名。数百年以来，他的身心二元论产生了极大的影响。1650 年 2 月 11 日，笛卡尔在斯德哥尔摩去世。

主要作品：《方法论》（1637）、《哲学基础沉思录》（1641）、《论灵魂的激情》（1649）

约翰·杜威，1859 年 10 月 20 日出生在伯灵顿（美国的佛蒙特州）。他曾在芝加哥和纽约担任哲学教授。这位哲学家和教育家是实用主义的主要代表。实用主义是一个以实际行动至上，而非理论至上的哲学学派。杜威的作品不仅影响了美国哲学，也对教学法产生了重大影响。1952 年 6 月 1 日，杜威在纽约去世。

主要作品：《民主与教育》（1916）、《经验和自然》（1925）、《追求确定性》（1929）

伊壁鸠鲁，公元前 341 年出生在萨摩斯岛。他曾在雅典、米蒂利尼和兰普萨柯斯教学。公元前 306 年，他在一个花园里建立了一个哲学学派，这就是为什么人们称他的学说为"花园哲学"。据悉，他的 300 篇著作仅有些断片尚存。伊壁鸠鲁被认为是古希腊享乐主义的代表。他的学说追求快乐的实现和痛苦的解除。作为唯物主义者，他相信万物——也包括人类的灵魂——是由原子构成的。伊壁鸠鲁创立了伊壁鸠鲁主义，这是一种只认可个人幸福是人生目标的哲学态度。公元前 271 年，伊壁鸠鲁在雅典去世。

约翰·戈特利布·费希特，1762 年 5 月 19 日出生在萨克森州比绍夫斯韦尔达附近的拉梅瑙。他来自一个贫穷的织工家庭。在大学学习神学之后，他当了几年的家庭教师。1790 年，他结识了伊曼努尔·康德，1794 年他在耶拿大学任职。费希特是法国大革命的拥护者；1807/1808 年在被拿破仑占领的柏林，他发表了《对德意志民族的演讲》。费希特是德国唯心主义最重要的代表之一，他的哲学以"绝对自我"的自由为出发点。费希特于 1814 年 1 月 29 日去世。

主要作品:《全部知识学的基础》（1794）、《论人的使命》（1808）、《对德意志民族的演讲》（1808）

米歇尔·福柯，1926 年 10 月 15 日出生于巴黎。1970 年以来，他在法兰西学院担任思想体系史教授。福柯被认为是法国结构主义及后结构主义的主要代表之一。他的思想极大地受到弗里德里希·尼采和马丁·海德格尔的影响。在福柯多层次的研究中，社会话语分析和权力机制占有突出位置。1984 年 6 月 25 日，福柯在巴黎去世。

主要作品:《词与物》（1966）、《规训与惩罚》（1975）、《性史》（1976 ~ 1984）

戈特洛布·弗雷格，1848 年 1 月 8 日出生在维斯马。他在大学学习过数学、物理、化学和哲学，1879 年起他在耶拿大学担任数学教授。弗雷格被认为是现代逻辑学的创立者和语言分析哲学的重要先驱。其中，他对"含义"和"指称"的区分以及他的"语境原则"是很有影响力的，据此，词语的指称总是在语句的关联之中被确定。1925 年 7 月 26 日，弗雷格在巴德克莱茵去世。

主要作品:《概念文字》（1879）、《算术的基础》（1884）、《论意义和指称》（1892）

尤尔根·哈贝马斯，1929 年 6 月 18 日出生在杜塞尔多夫。1955 年至 1959 年，他在美因河畔的法兰克福的"社会科学研究所"担任研究助手，这个研究所当时由马克斯·霍克海默和西奥多·阿多诺领导的，随后他在法兰克福任职教授，担任过位于施塔恩贝格的马克斯·普朗克研究所"科技世界的生活条件"研究中心的主任。1983 年，他回到法兰克福担任社会哲学和历史哲学的教授。他被认为是"法兰克福学派"的代表；在他的哲学中，理性的语言理解居于中心地位。

主要作品:《交往的理论》（1981 年）、《公共领域的结构变化》（1962 年）、《认识与兴趣》（1968）

格奥尔格·弗里德里希·威廉·黑格尔，1770 年 8 月 27 日出生在斯图加特。黑格尔曾在图宾根的神学院学习哲学和神学。在这段时间里，谢林和诗人弗里德里希·荷尔德林是他的挚友。在当了一段家庭教师之后，他自 1801 年在耶拿大学任职，1816 年起，他作为费希特的继任者在柏林大学任教。黑格尔是德国唯心主义最重要的哲学家。处在辩证的和历史进程中的精神的自我展现是其体系的中心。他的作品也影响了马克思和马克思主义。1831 年 11 月 14 日，黑格尔在柏林去世。

主要作品:《精神现象学》（1807 年）、《哲学全书》（1817）、《法哲学原理》（1820）

马丁·海德格尔，1889 年 9 月 26 日出生在上施瓦本的梅斯基尔希。海德格尔曾在弗莱堡学习天主教神学、哲学、历史和数学。他最初在弗莱堡担任埃德蒙德·胡塞尔的助理，随后他成为马尔堡的教授，并于 1928 年在弗莱堡成为胡塞尔的继任者。1933 年到 1934 年，他担任过弗莱堡大学的校长。1946 年至 1949 年，由于曾投身纳粹，他收到法国占领军的任教禁令。他于 1951 年退休。海德格尔被认为是 20 世纪最有影响力的，同时也是最有争议的哲学家之一。马丁·海德格尔于 1976 年 5 月 26 日去世。

主要作品：《存在与时间》（1927）、《形而上学导论》（1935）、《路标》（1919～1961）

托马斯·霍布斯，1588 年 4 月 5 日出生在英格兰的韦斯特波特。他曾在牛津大学学习，最初做过家庭教师。1640 年，他在英国内战爆发前夕逃往巴黎。1651 年，他回到英格兰。霍布斯是现代国家理论的创立者之一。根据他的学说，处于自然状态的人们是由他们自我保护的本能决定的。只有将所有的权力转移到一个立法统治者那里，人们才能避免"所有人反对所有人的战争"。霍布斯于 1679 年 12 月 4 日去世。

主要作品：《利维坦》（1651）、《论公民》（1642）、《论人》（1658）

大卫·休谟，1711 年 4 月 26 日出生在爱丁堡。他大学学习了法律，但他中断了学业。后来，他曾研习约翰·洛克和法国哲学家的作品。除了哲学活动，他还做过图书管理员和秘书。休谟被认为英国经验主义最重要的代表之一。经验主义将经验视为所有知识的基础。休谟的作品也影响过伊曼努尔·康德。休谟于 1776 年 8 月 25 日去世。

主要作品：《人性论》（1739-1740）、《人类理解研究》（1748）、《道德原则研究》（1751）

威廉·詹姆斯，1842 年 1 月 11 日出生在纽约。1876 年到 1907 年，他在哈佛大学担任教授职位，在那里他教授心理学和哲学。詹姆斯是现代经验 - 实验心理学的创建者之一。作为哲学家，他和桑德斯·皮尔斯、约翰·杜威都是美国实用主义最重要的代表。实用主义即从实际功用的角度去评判所有的认识。在其后期作品中，詹姆斯转向了宗教哲学。詹姆斯于 1910 年 8 月 26 日去世。

主要作品：《实用主义》（1907）、《宗教经验之种种》（1902）、《心理学原理》（1890）

伊曼努尔·康德，1724 年 4 月 22 日出生在东普鲁士的柯尼斯堡（今天的加里宁格勒）。他来自一个虔诚的工匠家庭。作为大学的学者，康德过着严格规划的、自律的生活。康德被视为德国启蒙运动时期最重要的哲学家。他的"批判性"思想 ——"要有勇气，运用你自己的理智！"——奠定了现代哲学的根基。他在几乎所有的哲学门类中都设立了新的尺度，其中包括认识论、伦理学、美学和宗教哲学。他一生都没有离开他的家乡柯尼斯堡。康德于 1804 年 2 月 12 日去世。

主要作品：《纯粹理性批判》（1781）、《实践理性批判》（1788）、《判断力批判》（1790）

索伦·克尔凯郭尔，1813 年 5 月 5 日出生在哥本哈根。他在大学先学习了神学和哲学。在抛弃丹麦国教的"要有所节制"的信条之前，他在自己的家乡担任过一段时间的老师和传教士。在他的个人危机之后，他作为自由作家生活在哥本哈根。克尔凯郭尔是黑格尔的批判者和存在主义哲学的创始人。在他的思想中，个体的自由是至关重要的，个人由于他的决定而陷入罪责。克尔凯郭尔于 1855 年 11 月 11 日去世。

主要作品：《非此即彼》（1843）、《恐惧与战栗》（1843）、《恐惧的概念》（1844）

格奥尔格·戈特弗里德·威廉·莱布尼茨，1646 年 7 月 1 日出生在莱比锡。在学习法学之后，他踏入法律和外交领域，随后，他当过图书管理员和政治顾问。莱布尼茨是一名通才。作为数学家，他独立于艾萨克·牛顿发明了微积分，另外，他还制造出第一台机械式计算器。作为哲学家，他还以其"单子论"闻名。依照他的单子论，世界是由无维度、无量纲的基础部分（单子）构成的，这些单子处于上帝前定的和谐中。莱布尼茨于 1716 年 11 月 14 日去世。

主要作品：《单子论》（1720，遗稿）、《人类理智新论》（1704）、《神义论》（1710）

约翰·洛克，1632 年 8 月 29 日出生于威灵顿（英格兰）。他在一个清教徒家庭中长大，曾在牛津学习哲学和医学。后来，他在政治和行政管理方面担任过各种职务，当过夏夫兹博里伯爵的医生和秘书。洛克被认为是经验主义和启蒙运动的主要代表之一。在他的哲学中，洛克尝试将认识论建立在经验之上。洛克对人格的同一性理论以及现代国家理论也做出过重要贡献。他于 1704 年 10 月 28 日去世。

主要作品：《人类理解论四卷本》（1689）、《政府论两篇》（1690）、《论宽容》（1686）

卡尔·马克思，1818 年 5 月 5 日出生在特里尔。他在大学学习法律和哲学后，最初在柏林从事记者工作。1846 年起，他与他的朋友弗里德里希·恩格斯一起建立了无产阶级革命政党。革命失败后他流亡英国。马克思是一位哲学家、历史学家和经济学家。他与恩格斯一同被视为辩证唯物主义的创立者。马克思于 1883 年 3 月 14 日在伦敦去世。

主要作品：《1844 年经济学哲学手稿》（1844）、《共产党宣言》（1848）、《资本论》（1865）

约翰·穆勒，1806 年 5 月 20 日出生于伦敦。他在英国东印度公司担任过领导，1865 年至 1868 年，他曾是下议院的议员。这位哲学家和经济学家是 19 世纪最重要的自由主义思想家之一。他被视为功利主义伦理学的代表之一，功利主义伦理学是根据功利来评判行为的道德价值的。穆勒也因其关于自由和宽容的论文而闻名。他于 1873 年 5 月 8 日去世。

主要作品：《论自由》（1859 年）、《功利主义》（1863）、《论代议制政府》（1861）

米歇尔·德·蒙田，1533 年 2 月 28 日出生在法国多尔多涅省的蒙田堡。大学学习的是法律，此后他担任了税务议员和国会议员。1570 年，他辞去了办公室工作，回到了他的家乡；1581 年到 1585 年，他担任波尔多市的市长。他的《随笔集》主要涉及人和人的自我发现。蒙田是一位怀疑论者，他怀疑知识的确定性。他于 1592 年 9 月 13 日去世。

主要作品：《随笔集》（1580）

乔治·爱德华·摩尔，1873 年 11 月 4 日出生在伦敦。他在大学学习哲学和语文学，1925 年成为剑桥大学的教授。摩尔是唯心主义的批评者。和伯特兰·罗素一起，被认为是现代语言分析哲学创立者。摩尔的分析对象也包括伦理学。他的著名论点是："善"这个词的含义是不能被定义的。摩尔于 1958 年 11 月 24 日去世。

主要作品：《伦理学原理》（1903）、《伦理学的基本问题》（1912）

弗里德里希·尼采，1844 年 10 月 15 日出生在罗肯（萨克森 – 安哈尔特州）。他是路德教会牧师的儿子，在大学期间学习了神学和古典语言学。1869 年，他成为巴塞尔大学的古典语文学的教授。和理查德·瓦格纳之间的友谊对他产生了特殊的影响。1871 年起，尼采的身心状态开始恶化。尼采是最重要的反形而上学的哲学家之一，对道德以及真理概念提出了质疑。尼采于 1900 年 8 月 25 日去世。

主要作品：《论道德谱系》（1887）、《快乐的科学》（1882）、《善恶的彼岸》（1886）

巴门尼德，约公元前 515 年出生。他被认为是前苏格拉底时期最重要的哲学家之一。他的影响延伸到今天对本体论的研究。巴门尼德是爱利亚学派最重要的代表之一。爱利亚学派是希腊的殖民地爱利亚（南意大利）的一个哲学流派。在他的说教诗《论自然》中，巴门尼德认为，存在和思想是同一的。在巴门尼德看来，存在是不可改变和永恒的，相反，表象都是变化和运动的。巴门尼德于公元前 445 年左右去世。

主要作品：《论自然》（约公元前 500 年）

布莱士·帕斯卡，1623 年 6 月 19 日出生在克莱蒙费朗（法国）。他在幼年时就已凭借数学论文崭露头角，他研制出一台计算器，发现过重要的物理定律。1654 年，帕斯卡经历了宗教启蒙，这是一场精神改革运动，他回到了天主教扬森主义的中心——波尔 – 罗亚尔修道院。帕斯卡是一位宗教哲学家、数学家和物理学家。在他的《思想录》中，他试图确定"信念"和"知识"之间的界限，认为理性只占一个有限的认知领域。帕斯卡于 1662 年 8 月 19 日去世。

主要作品：《论宗教思想和其他主题的思想》（1669）、《宗教和哲学集》

查尔斯·桑德斯·皮尔士，1839 年 9 月 10 日出生在剑桥（美国的马萨诸塞州）。他的父亲在该州的哈佛大学担任天文学和数学教授。皮尔士在青少年时期已投身哲学，但他大学学的是化学。1859 年到 1891 年，他作为一名测绘工作者在"美国海岸和大地测量局"任职。另外，他还教授逻辑课和科学理论。后来，他在波士顿和巴尔的摩任职教授。皮尔士被认为是符号学、关系逻辑学和实用主义的创始人。皮尔士于 1914 年 4 月 19 日去世。

主要作品：《实用主义讲演》（1903）、《符号学》（1865～1903）

柏拉图，公元前 427 年出生在雅典。他是苏格拉底的学生，在雅典创办了哲学学园。他以对话的形式撰写出他的整个哲学思想。其中著名的是他的理念说和理想国设想。柏拉图被视为除亚里士多德之外古希腊最伟大的哲学家。他的思想影响了整个哲学史。柏拉图于公元前 328/347 年去世。

主要作品：《理想国》《斐多篇》《会饮篇》

威拉德·冯·奥曼·蒯因，1908 年 6 月 25 日出生在阿克伦（美国的俄亥俄州）。1948 年至 1978 年，蒯因在哈佛大学担任教授。作为 20 世纪最重要的分析哲学家之一，他对认识论、科学理论以及本体论和语言哲学都做出了颇有影响力的贡献。蒯因受到过逻辑经验主义的影响。他拥护一种整体论的立场，据此，没有单个的句子，而总是完整的理论才能被经验化地辩护。他于 2000 年 12 月 25 日逝世。

主要作品：《词语和对象》（1960）、《经验主义的两个教条》（1951）、《走向真理》（1990）

约翰·罗尔斯，1921 年 2 月 21 日出生在巴尔的摩（美国）。他是律师的儿子，他曾在普林斯顿大学学习。在战争中，他曾在太平洋地区做过步兵。1959 年至 1991 年，罗尔斯任教于哈佛大学，他是 20 世纪最重要的道德哲学家和政治哲学家之一。他以其正义的自由理论而闻名。罗尔斯于 2002 年 11 月 24 日去世。

主要作品：《正义论》（1971）、《政治自由主义》（1993）、《万民法》（1998）

让－雅克·卢梭，1712 年 6 月 28 日出生在日内瓦。自学成才的他于 1742 年前往巴黎，并在那儿当了自由作家。卢梭曾是现代文明的批判者和专制主义的反对者。他的"社会契约论"为人们理解现代民主做出了重要贡献。卢梭于 1778 年 7 月 2 日去世。

主要作品：《论人类不平等的起源和基础》（1755）、《社会契约论》（1762）、《爱弥儿：论教育》（1762）

伯特兰·罗素，1872 年 5 月 18 日出生在特雷勒克（英国），他在剑桥学习数学和哲学。由于拒服兵役，这位和平主义者在 1918 年被拘禁了六个月。罗素被视为分析哲学的创始人之一。除了其专业性的哲学文章，他还撰写过卓有成就的科普图书。罗素于 1970 年 2 月 2 日去世。

主要作品：《数学原理》（1910 ～ 1913，与阿尔弗雷德·诺尔司·怀特海合作撰写）、《心的分析》（1921）、《西方哲学史》（1946）

让－保罗·萨特，1905 年 6 月 21 日出生在巴黎，他在那里学习了心理学、哲学、社会学和语言学，后来当过高中教师。他在战争中入狱，在参与抵抗运动之后，自 1945 年起萨特在巴黎以自由作家的身份为生。在巴黎，他还创办了政治性－文学性的《现代杂志》。1964 年，他拒绝了本要颁发给他的诺贝尔文学奖。萨特被认为是法国存在主义的创立者。他于 1980 年 4 月 15 日去世。

主要作品：《自我的超越性》（1936/1937）、《存在与虚无》（1943）、《存在主义是一种人道主义》（1946）

弗里德里希·威廉·约瑟夫·谢林，1775 年 1 月 27 日出生于莱昂贝格（巴登－符腾堡州）。小时候，谢林天赋很高，15 岁时就已经开始在图宾根的神学院学习神学。在大学期间，他和黑格尔、荷尔德林成为同窗好友。1798 年，他成为耶拿大学的教授，在那里，他接触到早期浪漫主义的诗人和思想家。谢林是德国唯心主义的主要代表之一，被视为思辨的自然哲学的创建者。谢林于 1854 年 8 月 20 日去世。

主要作品：《启示哲学》（1854）、《整个哲学特别是自然哲学的体系》（1804）、《对人类自由本质及其相关对象的哲学研究》（1809）

亚瑟·叔本华，1788 年 2 月 22 日出生在但泽（现位于波兰）。叔本华在哥廷根大学先学习了医学，然后学习了哲学。1820 年起，他在柏林大学任教——和黑格尔同期。由于霍乱的爆发，他在 1831 年前往法兰克福，并过上隐居的生活。几乎在他的生命尽头，他才得到外界的认可。叔本华是康德哲学的猛烈攻击者。世界被理解为"意志"的显现，意志是一种盲目的、本能的力量。叔本华于 1860 年 9 月 21 日去世。

主要作品：《作为意志和表象的世界》（1819）、《伦理学中的两个基本问题》（1841）、《附录与补遗》（1851）

约翰·塞尔，1932 年 7 月 31 日出生于丹佛（美国科罗拉多州）。作为一位电气工程师的儿子，他在 30 岁时已被聘任为加利福尼亚大学伯克利分校的教授，自那以后他一直在那里教书。20 世纪 60 年代，他支持那里学生的抗议活动。塞尔致力于语言哲学、心灵哲学以及社会本体论。他因进一步发展了由约翰·奥斯丁所创立的言语行动理论以及意向性研究而闻名。

主要作品：《言语行动——论语言哲学》（1969）、《意向性——论心灵哲学》（1983）、《人类文明的结构：社会世界的构造》（2010）

吕齐乌斯·安涅·塞涅卡（小），大约于公元前 4 年出生在科尔多瓦（西班牙）。他从那里前往罗马，开始了他的从政生涯。49 年，他成为尼禄皇帝的老师，后来也是尼禄的顾问。塞涅卡是一名斯多葛学派的哲学家和剧作家，在他广为流传的文稿中传达了实用的生活艺术。由于塞涅卡和尼禄的关系亲近，塞涅卡在罗马倍受尊敬，非常富有。然而，后来尼禄指控他参与谋刺，并强迫他自杀。塞涅卡于 65 年去世。

主要作品：《论道德·致吕齐乌斯》《论幸福生活》《论生命之短暂》

苏格拉底，公元前 470 年左右出生在雅典。除了作为哲学老师，据说苏格拉底还参加过对战斯巴达的伯罗奔尼撒战争。他担任过不同的政治职务，赞西佩是其妻子。最终，他以煽动青年罪被控诉，并被判处饮下毒药。苏格拉底在雅典的集市广场讲学，并没有留下任何作品。他因独特的哲学对话法而闻名。其哲学对话旨在揭露那些臆想的知识只是毫无根据的意见罢了。苏格拉底死于公元前 399 年。

托马斯·阿奎那，1224 年或 1225 年出生在阿基诺（意大利）附近的洛卡塞卡城堡。托马斯来自那不勒斯的贵族家庭，他在卡西诺山的本笃会修道院中接受过教育。1244 年，他进入多米尼加修会，后来他在巴黎、奥维亚托、维泰博和罗马任教。由于教会的内部纠纷，他于 1269 年返回巴黎。托马斯·阿奎那可以说是最有影响力的中世纪经院哲学的代表。在他的学说中，他结合了奥古斯丁主义哲学和亚里士多德哲学。托马斯于 1274 年 3 月 7 日去世。

主要作品：《神学大全》《论真理》《论存在与本质》

伏尔泰，1694 年 11 月 21 日出生在巴黎，在路易大帝耶稣会受过教育。他很早就接触到启蒙运动思想。由于批评统治者，1717 年他被判入巴士底狱十一个月。在爱人夏特莱侯爵夫人去世后，伏尔泰前往普鲁士腓特烈大帝的宫廷任职，但他后来失宠了。伏尔泰是法国启蒙运动最重要的代表。在其哲学和文学作品中，他批判天主教会并捍卫宗教自由。他于 1778 年 5 月 30 日去世。

主要作品：《老实人》（1759）、《论宽容》（1789）、《论良心自由》（1786）

马克斯·韦伯，1864 年 4 月 21 日出生在爱尔福特。他大学学习了法律、历史，国民经济学和哲学。他最初在柏林、弗莱堡和海德堡担任经济学教授。由于各种疾病，他必须一再中断他的教学。1918 年，他在维也纳成为社会学教授。1919 年起，他在慕尼黑任教。韦伯被视为现代经验社会学的创立者和现代重要的理论家。他于 1920 年 6 月 14 日去世。

主要作品：《经济与社会》（1922，遗稿）、《新教伦理与资本主义精神》（1904）、《政治作为一种职业》（1919）

伯纳德·威廉斯，1929 年 9 月 21 日出生在埃塞克斯（英国）。威廉斯在牛津大学学习哲学。在皇家空军服役后，他成为剑桥大学道德哲学的教授，随后他担任了国王学院的院长。在伯克利任职教授后，威廉斯回到英国，在牛津教授道德哲学直至生命的尽头。威廉斯是 20 世纪最重要的伦理学家之一。他批判功利主义及康德的道德哲学，并以此而闻名。威廉斯于 2003 年 6 月 10 日去世。

主要作品：《道德的概念》（1972）、《伦理学和哲学的边界》（1985）、《真理和真实》（2003）

路德维希·维特根斯坦，1889 年 4 月 26 日出生在维也纳。他来自一个大工业主家庭，最初他以工程学学位毕业。1911 年他前往剑桥，并在那里和伯特兰·罗素和乔治·爱德华·摩尔一起学习哲学和心理学。在 9 个月的战争囚禁后，维特根斯坦回到维也纳，放弃了对遗产的继承，当了一名教师。1929 年，他返回剑桥。维特根斯坦被认为是现代语言哲学的先驱。他于 1951 年 4 月 29 日在剑桥去世。

主要作品：《逻辑哲学论》（1921）、《哲学评论》（1953，遗稿）

参考文献

Anselm von Canterbury, "Proslogion", 1077/78

Arendt, Hannah, "Über das Böse", 1965

Arendt, Hannah, "Über die Revolution", 1963

Aristoteles, "Nikomachische Ethik", 350 v. Chr.

Augustinus, "Bekenntnisse", ca. 397–401

Austin, John L., "Zur Theorie der Sprechakte"

Bacon, Francis, "Novum Organum", 1620

Beauvoir, Simone de, "Das andere Geschlecht", 1949

Bentham, Jeremy, "Introduction to the Principles of Morals and Legislation", 1789

Bloch, Ernst, "Das Prinzip Hoffnung", 1938–1947

Bollnow, Otto Friedrich, "Mensch und Raum", 1963

Cassirer, Ernst, "Versuch über den Menschen", 1944

Dewey, John, "Die Suche nach Gewissheit", 1929

Fichte, Johann Gottlieb, "Grundlage der gesamten Wissenschaftslehre", 1794

Foucault, Michel, "Überwachen und Strafen", 1976

Frankfurt, Harry, "The Reasons of Love", 2004

Fromm, Erich, "Die Kunst des Liebens", 1956

Habermas, Jürgen, "Theorie des kommunikativen Handelns", 1981

Hegel, Georg Wilhelm Friedrich, "Die Phä- nomenologie des Geistes", 1807

Hegel, Georg Wilhelm Friedrich, "Grundlinien der Philosophie des Rechts", 1835

Hegel, Georg Wilhelm Friedrich, "Vorlesungen über die Ästhetik", 1835–1838

Hegel, Georg Wilhelm Friedrich, "Vorlesungen über die Philosophie der Geschichte", 1837

Heidegger, Martin, "Brief über den Humanismus", 1946

Heidegger, Martin, "Die Frage nach der Technik", 1954

Herder, Johann Gottfried, "Briefe zur Beförderung der Humanität", 1793–97

Jaspers, Karl, "Der philosophische Glaube", 1948

Jonas, Hans, "Das Prinzip Verantwortung", 1979

Kant, Immanuel,"Grundlegung zur Metaphysik der Sitten", 1785

Kant, Immanuel,"Kritik der praktischen Vernunft", 1788

Kant, Immanuel,"Kritik der reinen Vernunft", 1781

Kant, Immanuel,"Kritik der Urteilskraft", 1790

Kant, Immanuel,"Schriften zur Anthropologie", 1764–1798

Kierkegaard, Søren,"Der Begriff Angst", 1844

Kierkegaard, Søren,"Die Krankheit zum Tode", 1849

Leibniz, Gottfried Wilhelm,"Die Vernunftprinzipien der Natur und der Gnade", 1714

Locke, John,"Versuch über den menschlichen Verstand", 1690

Locke, John,"Zwei Abhandlungen über die Regierung", 1689

MacIntyre, Alasdair,"Der Verlust der Tugend. Zur moralischen Krise der Gegenwart", 1981

Marx, Karl,"Ökonomisch-philosophische Manuskripte", 1844

Mill, John Stuart,"Über die Freiheit", 1859

Mill, John Stuart,"Von den Fehlschlüssen". In："System der deduktiven und induktiven Logik", 1843

Montaigne, Michel de,"Essais", 1572–1592

Morus, Thomas,"Utopia", 1516

Nietzsche, Friedrich,"Also sprach Zarathustra", 1883

Nietzsche, Friedrich,"Unzeitgemäße Betrachtungen", 1873–1876

Pascal, Blaise,"Pensées", 1670

Platon,"Charmides", ca. 380 v. Chr. Platon,"Theaitetos", ca. 360 v. Chr.

Rawls, John,"Theorie der Gerechtigkeit", 1971

Rousseau, Jean-Jacques,"Gesellschaftsvertrag", 1762

Sartre, Jean-Paul,"Selbstbewusstsein und Selbsterkenntnis", 1948

Scheler, Max,"Die Stellung des Menschen im Kosmos", 1928

Schelling, Friedrich Wilhelm Joseph,"Darstellung des philosophischen Empirismus", 1836

Schopenhauer, Arthur,"Die Welt als Wille und Vorstellung", 1819

Seneca,"Epistulae morales", 65 n. Chr.

Thomas von Aquin,"Summa theologiae", 1265–1273

Wittgenstein, Ludwig,"Philosophische Untersuchungen", 1953

Wittgenstein, Ludwig,"Tractatus logico-philosophicus", 1918

Wittgenstein, Ludwig,"Über Gewisshe it", 1970

图书在版编目（ＣＩＰ）数据

101个重要的哲学问题 /（德）托马斯·瓦斯克著；
包向飞，姚璇译 . — 重庆：重庆大学出版社，2022.1
（哲学与生活丛书）
书名原文：THE PHILOSOPHY BOOK：101 KEY
QUESTIONS OF LIFE
ISBN 978-7-5689-3087-1

Ⅰ.① 1… Ⅱ.①托…②包…③姚… Ⅲ.①哲学—
通俗读物 Ⅳ.① B-49

中国版本图书馆 CIP 数据核字（2021）第 258173 号

101个重要的哲学问题

101GE ZHONGYAO DE ZHEXUE WENTI

［德］托马斯·瓦斯克（Thomas Vašek） 著
包向飞 姚 璇 译
策划编辑：王 斌
责任编辑：赵艳君 版式设计：原豆文化
责任校对：邹 忌 责任印制：赵 晟
＊
重庆大学出版社出版发行
出版人：饶帮华
社址：重庆市沙坪坝区大学城西路21号
邮编：401331
电话：（023）88617190 88617185（中小学）
传真：（023）88617186 88617166
网址：http://www.cqup.com.cn
邮箱：fxk@cqup.com.cn（营销中心）
全国新华书店经销
重庆市联谊印务有限公司印刷
＊
开本：787mm×1092mm 1/16 印张：17.25 字数：347千
2022年1月第1版 2022年1月第1次印刷
ISBN 978-7-5689-3087-1 定价：88.00元

THE PHILOSOPHY BOOK:101 KEY QUESTIONS OF LIFE

by

Thomas Vašek